Storch

DAS PREDIGERSEMINAR
Ein Arbeitsbuch

Hallo Philip   11.11.07

Hier ist nun unser Geschenk. Wir wollen dir dieses Buch schenken weil wir wissen, dass du ein guter Prediger bist und dass du nur noch einen kleinen Feinschliff brauchst um ein noch besserer zu werden. Wir denken, dass dieses Buch dich weiter zu deinem Dienst bringen kann.

Liebe Grüße und Gottes Segen

Daniel + Jure

Über den Autor:
Carsten Schmelzer (genannt Storch) ist Pastor in Remscheid und mit bis zu 150 Predigten im Jahr unterwegs. Er bildet seit Jahren Laien-Prediger aus. Mit seiner Frau Alex lebt er in der Nähe von Hagen.

Bibliografische Information Der Deutschen Bibliothek
Die Deutsche Bibliothek verzeichnet diese Publikation in der Deutschen Nationalbibliografie; detaillierte bibliografische Daten sind im Internet über http://dnb.ddb.de abrufbar.

Francke: ISBN 978-3-86122-969-8
Okrist: ISBN 978-3-9809617-6-9
Alle Rechte vorbehalten
© 2007 by Verlag der Francke-Buchhandlung GmbH
35037 Marburg an der Lahn
Umschlaggestaltung: Verlag der Francke-Buchhandlung GmbH
Satz: Verlag der Francke-Buchhandlung GmbH
Druck: Koninklijke Wöhrmann, Niederlande

www.francke-buch.de

Inhaltsverzeichnis

01	Einleitung	5
02	Warum eine Predigerschule?	6
03	Homiletik allgemein	9
04	Wie erkennt man, ob man zum Predigen begabt ist?	11
05	Charakterschule	14
06	Geist und Wort – auf einem Bein kann man schlecht stehen	21
07	Predigtangst und Lampenfieber[1]	22
08	Was soll ich predigen?	23
09	Von Ältesten und Gastpredigern	29
10	Predigen mit Mikrofon	33
11	Rhetorik	36
12	Das Wesen der Kommunikation	53
13	Die Länge der Predigt	67
14	Der Aufbau von Predigten	69
15	Die Predigtvorbereitung	77
15a	Sprechen statt schreiben	84
16	Geistliche Vorbereitung	88
17	Predigttypen in Vorbereitung und Praxis	89
18	Übungen zur konzeptfreien Predigt	109
19	Wenn Predigten trotzdem floppen	112
20	Die Verbreitung von Predigten	113
21	Hindernisse	114
22	Anhänge	117

Ehre, wem Ehre gebührt:
Vielen Dank an Nadine und Cribbel für die vielen tollen Fotos! Danke an Alex und Clause für das Korrigieren. Ohne Euch würde dieses Skript vor „Fählern" nur so wimmeln. Für die Illustrationen geht ein dickes „Danke" an Andreas: Ich liebe Deine Comics.
Dank an Roberto für das Tonstudio und Schwingkopf für manche musikalische Untermalung. Nicht zuletzt bin ich auch den Teilnehmern der letzten Predigerseminare unbedingt zu Dank verpflichtet. Durch Eure Fragen, Kommentare und Anregungen ist das Seminar zu dem geworden, was es jetzt ist. Es war auch immer wieder schön zu sehen, wie Ihr in Eurem Dienst gewachsen seid.
Euch allen weiterhin Gottes Segen!

Denn „wer den Namen des Herrn anrufen wird, der soll gerettet werden."
(Joel 3,5)

„Wie sollen sie ihn aber anrufen, wenn sie nicht an ihn glauben?
Wie sollen sie aber glauben, wenn sie nichts von ihm gehört haben?
Wie sollen sie aber hören ohne Prediger?"
(Römer 10,13-14)

01 Einleitung

Seit vielen Jahren biete ich in unregelmäßigen Abständen Schulungen an, bei denen ich den Teilnehmern Basiswissen zum Thema Predigen vermittle. Mein Ziel ist es, in diesen Seminaren relevante, von der Praxis inspirierte Einsichten weiterzugeben, die den Teilnehmer befähigen, sowohl organisatorisch als auch inhaltlich im Predigtdienst zu wachsen.
Dieses Buch basiert auf den Unterlagen der von mir durchgeführten Seminare.
Normalerweise lebt der Unterricht sehr stark von der aktiven Beteiligung, die natürlich bei einem Buch nicht möglich ist. Dennoch eignet sich dieses Arbeitsbuch nicht nur zum Selbststudium, sondern es kann auch gut in einer Gruppe durchgenommen werden.

Ich würde mich sehr über Feedback (Fragen, Lob, Kritik ...) freuen:
storch@kultshockk.de

Zu diesem Buch gibt es noch ergänzende Materialien (Karteikarten, Ablauf für ein Seminar, etc.), die kostenlos von der Homepage des Francke-Verlages heruntergeladen werden können: www.francke-buch.de

Viel Erfolg und Gottes Segen!

02 Warum eine Predigerschule?

1. Effektivität durch Ausbildung

Nun, der Hauptgrund liegt auf der Hand. Gottes Wort muss unserem Land gepredigt werden. Gott beruft Menschen in seinen Verkündigungsdienst, und diese Menschen müssen ausgebildet werden. Auch an dieser Stelle gilt, dass die Gabe allein für die Ausübung eines Amtes nicht unbedingt ausreicht. Eine grundlegende Ausbildung ist nötig, um den Einsatz der Gabe effektiver zu machen.
Verlässt man sich allein auf die Begabung, so ist die Wahrscheinlichkeit für eventuelle Frustrationen groß, da Hintergründe, Methoden und Techniken fehlen. An dieser Stelle zeigt sich ein deutlicher Zusammenhang zwischen Ausbildung und effektivem Gemeindebau.

Sehen wir uns das Beispiel von Apollos an, einem Prediger aus Alexandria. In Apostelgeschichte 18,23-28 begegnen wir Apollos in Ephesus. Er war ein *„beredter Mann"*, das heißt, er hatte eine natürliche Begabung zu reden. Er gehörte zu den Menschen, denen man einfach zuhören muss. Was er sagte hatte Witz und Pointe; wahrscheinlich war er ein guter und scharfsinniger Unterhalter. Zudem kannte er sich in den Schriften des Alten Testamentes gut aus, denn er war „mächtig in den Schriften". Er wusste nicht nur, wie er etwas zu formulieren hatte, sondern auch, was er sagen sollte.
Sein Problem war hingegen Folgendes: Aufgrund seines jüdischen Hindergrundes *„kannte er nur die Taufe des Johannes"*. Er hatte zwar das Evangelium der Buße verstanden, aber es fehlte ihm noch der Heilige Geist. Bei einer seiner öffentlichen Predigten hörte ihn ein frommes Ehepaar, Priscilla und Aquila. Den beiden fiel der Mangel sofort auf, und sie nahmen Apollos bei sich zu Hause auf, um ihm den *„Weg Gottes noch genauer auszulegen"*. Erst nach dieser Unterweisung wird der Dienst des Apollos richtig effektiv und er *„widerlegte die Juden öffentlich, indem er durch die Schrift bewies, dass Jesus der Christus sei."*

Gerade für Prediger ist Ausbildung wichtig, da es zu ihrer Aufgabe gehört andere zu lehren. Unklarheiten und Fehler können sich in der Gemeinde multiplizieren. Deshalb ist es in jeder Hinsicht wichtig, an sich zu arbeiten und technisch, theologisch und charakterlich nach Verbesserungen zu streben.
Jakobus weist darauf hin, dass Lehrer *„im Gericht strenger beurteilt werden" (3,1)*. Diese Aussage sollte uns keine Angst machen oder uns die Unbefangenheit und Freimütigkeit (siehe Apostelgeschichte) beim Predigen nehmen, schließlich gilt auch dem Prediger die Gnade Jesu. Vielmehr sollte es uns motivieren, mit der Gabe, die uns Gott anvertraut hat, verantwortungsbewusst umzugehen und uns darin weiterzuentwickeln.

2. Multiplikation

Wir alle haben die Aufgabe, unseren Dienst zu tun und unsere Fähigkeiten einzusetzen. Sowohl in als auch außerhalb der Gemeinde fungieren wir Christen als Muliplikatoren.
Gottes erstes *Ge*bot an die Menschen (noch vor dem berühmten *Ver*bot) lautet: „Seid fruchtbar und mehret Euch" (Genesis 1,28). Frucht im biblischen Sinne steht häufig im Zusammenhang mit Vermehrung.
Zu dieser Vermehrung kann auch der Predigtdienst beitragen. Der Missionsbefehl, so wie Matthäus ihn wiedergibt, fordert die Jünger – und damit auch uns – dazu auf, alle Völker durch Taufe und Lehre ebenfalls zu Jüngern zu machen (Matthäus 28,19-20).

Mit diesem Buch sollen nicht nur Prediger weitergebildet werden, sondern es soll dabei helfen, den eigenen Dienst besser zu verstehen, um wiederum andere zum Predigtdienst herauszufordern.

3. Bewusstsein schaffen:

Viele Christen nehmen ihre Aufgaben in der Gemeinde intuitiv wahr. Das hat den Vorteil, dass Fehler, die auf Traditionen beruhen, vermieden werden, aber den Nachteil, dass wir oft *buchstäblich nicht wissen, was wir eigentlich tun*. Unbewusstes kann schlecht korrigiert, geschweige denn optimiert werden. Dieses Predigerseminar soll ein Bewusstsein für unser Verhalten (Predigtvorbereitung, Gestik etc.) schaffen, damit wir zukünftig bewusster agieren können.

Ein Lernprozess hängt davon ab, Fehler zu erkennen und die nötige Distanz zu sich selbst zu bekommen, um an den Fehlern zu arbeiten. Diese Distanz ist nötig, um sich von Kritik nicht persönlich angegriffen zu fühlen.
Egal, wie gut Du als Prediger einmal wirst, Du solltest Dich niemals allein über Deinen Dienst definieren. Kritikfähigkeit ist essentiell. Wenn es Dein Selbstwertgefühl oder Deinen Glauben angreift, Fehler zu machen, läuft etwas falsch. Spätestens an dieser Stelle solltest Du Dich zurückziehen um zu beten, und Dir von Jesus Sicherheit und Selbstwert erbitten, so dass Du Dich mit Deinen Fehlern auseinandersetzen kannst.

Danach läuft der Lernprozess folgendermaßen ab:

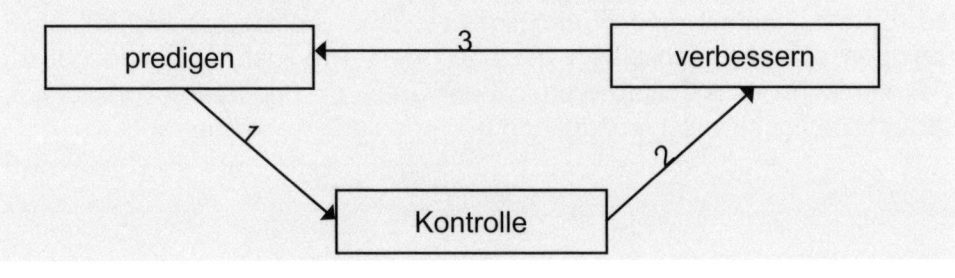

```
  ┌──────────┐      3      ┌──────────┐
  │ predigen │◄────────────│verbessern│
  └────┬─────┘             └─────▲────┘
       │ 1                   2   │
       ▼                         │
       ┌──────────┐              │
       │ Kontrolle├──────────────┘
       └──────────┘
```

Wie kann das jetzt in der Praxis aussehen? Wie kann man eine Predigt kontrollieren?

Die erste und einfachste Möglichkeit ist die *Selbstkontrolle*. Hör Deine eigenen Predigtkassetten! Wenn Du die Möglichkeit hast, schau Dir Videos von Deinen Predigten an. Auf diese Weise lernst Du Deinen eigenen Predigtstil besser kennen und kannst die Wirkung, die Du auf andere hast, besser einschätzen.
Es kostet am Anfang eine unheimliche Überwindung, sich selbst zuzuhören. Noch heute fällt es mir schwer, eine Kassette von mir zu hören, wenn ich das Gefühl habe, dass die Predigt schlecht gelaufen ist. Trotzdem habe ich am Anfang fast jede meiner Predigten angehört und kann sagen, dass es sich lohnt. Man lernt eben am besten aus Fehlern, und darum ist es nötig, dass man seine Fehler kennenlernt, auch wenn es manchmal weh tut.

Die zweite Möglichkeit ist, nach der Predigt ein offenes Ohr zu haben und auf das zu hören, was die Zuhörer sagen. Normalerweise kommen Rückmeldungen aus dem Publikum. Es ist wichtig, sich diesen auszusetzen und darüber nachzudenken. Egal, ob sie positiv oder negativ ausfallen.

Und zuletzt ist es sinnvoll, Dir eine Person oder einen Personenkreis zu suchen, die Dich regelmäßig hören und Dir Rückmeldungen geben.
In meinem Fall ist das meine Frau. Nach jeder Predigt gehen wir spazieren und reden darüber. Eine solche Predigtbesprechung hilft mir sehr, gerade wenn ich diese Predigt schon mehrmals gehalten habe, und meine Frau so verschiedene Versionen vergleichen kann.
Diese Art der Nachbesprechung kann auch sehr aufbauend und tröstend sein, da man auch bei guter Vorbereitung nicht immer eine ideale Predigt garantieren kann.

4. Vernetzung:

Es ist sinnvoll, sich mit anderen Predigern zusammenzutun. Gottes Reich zielt immer wieder auf Einheit ab, und Vernetzung ist ein wichtiger Schritt auf dem Weg dahin. Genauso wie eine einzelne Zelle nur dann den Körper mit aufbaut, wenn sie in ein Gewebe integriert ist, kann auch eine Gruppe von Predigern mehr erreichen.

03 Homiletik allgemein

Die Verwendung einer großen Anzahl von Fremdwörtern in einer Predigt entspricht nicht unbedingt einem guten Stil. Immerhin geht es in einer Predigt darum, verstanden zu werden, was nicht gelingt, wenn man sein Publikum überfordert. Die Zuhörer gehören unter Umständen ganz verschiedenen Bildungsschichten an, so dass man nicht voraussetzen kann, dass Fachbegriffe und Fremdwörter verstanden werden.

Dazu eine Geschichte, die meinen Werdegang als Prediger entscheidend geprägt hat.
Bevor ich anfing regelmäßig in Remscheid zu predigen, ging ich in eine Gemeinde, die höchsten Wert auf Lehrniveau und ausgewogene Theologie legte. Meiner Prägung entsprechend, wollte ich es in meiner neuen Gemeinde genauso machen und bemühte mich sehr, auf einem hohen theologischen und einem ebenso hohen sprachlichen Niveau zu predigen. In der Folge bin ich oft missverstanden worden. Fremdwörter, die mir völlig „umgangssprachlich" erschienen, wie z.B. *Exegese* oder *Pneumatologie*, stießen auf Unverständnis und wurden häufig Anlass für Zwischenrufe in der Predigt. („Was heißt soteriologisch?"). Daraufhin bemühte ich mich, weniger und am besten gar keine Fremdwörter zu verwenden – die Bibel verwendet übrigens keine Fremdwörter, von der alten Elberfelder mal abgesehen. Trotzdem predigte ich immer noch wenig umgangssprachlich und insgesamt recht hochgestochen. Mehr als deutlich wurde mir dies, als einer der Teilnehmer eines Glaubensgrundkurses aufsprang und den Raum fluchtartig verließ, nachdem er einen Anruf bekommen hatte. Eine Weile später kam er mit einer blutenden Hand wieder. Während ich ihn verband, erzählte er, dass sein Bruder seine Mutter bedroht habe und er ihn erst einmal verprügelt hatte, bevor er zu dem Glaubensgrundkurs zurückkam. Erst da habe ich verstanden, dass unsere Welt nicht mit netten theologischen Formeln unterhalten werden kann, sondern das Wort Gottes hören muss in einer Sprache, die sie spricht und versteht.[1]

In diesem Buch können wir allerdings nicht vollständig auf Fachvokabeln verzichten. Homiletik (= Predigtlehre) ist eines der Fachwörter, mit dem wir uns auseinandersetzen. Falls Dir ein Wort unbekannt ist, kannst Du es im Anhang, im sogenannten Glossar, nachschlagen. Fremdwörter, die im Anhang erklärt werden, sind ab jetzt mit einem „→" versehen.

Die einschlägige Literatur zum Thema Homiletik vermittelt den Eindruck, dass es eine Idealpredigt gäbe, was formelle, als auch inhaltliche Aspekte anbelangt. Es wird – zu Recht – auf den hohen Wert einer ordentlichen → Exegese hingewiesen und die Predigt wird zur „Auslegungspredigt"[2].

---

[1] Luther übersetzte die Bibel, indem er „dem Volk aufs Maul schaute." Liest man eine alte – nicht revidierte – Lutherbibel, verblüfft einem die teilweise sehr vulgäre Sprache dieser so gar nicht „heilig" klingenden Schrift. Aber auch Jesus war sehr eindeutig in seiner Sprache, wie man an Matthäus 23,33 sehen kann.
[2] Wolfgang Klippert: Vom Text zur Predigt, Wuppertal 1995, Seite 17.

Ausschließlich → pneumatische und → prophetische Predigten sind in der Literatur nicht zu finden; „Kanzelsprech", standesgemäße Kleidung etc. werden betont.

Die Bibel hingegen lehrt keine Idealform der Predigt und äußert sich auch nicht zum Thema Predigtkleidung. An dieser Stelle gilt es, sich die Gemeinde anzuschauen und sich dementsprechend zu verhalten. Ein Grund für die augenscheinliche Standardisierung der Predigtkultur könnte darin zu suchen sein, dass das westliche Christentum unserer Zeit häufig aus weltlichen Quellen schöpft, wenn es um Fragen des Stils geht. Unsere Leitungskultur ist stark von der (amerikanischen) Managementliteratur beeinflusst, Gottesdienstabläufe von der Choreografie, die in Fernsehsendungen üblich ist und die Predigtlehre eben von weltlichen Rhetoriklehrern, die Prediger bestenfalls wie Politiker oder Autoverkäufer, keinesfalls aber wie Propheten klingen lassen. Zudem stehen wir in einer jahrhundertelangen Tradition christlicher Entwicklung und Ritualisierung.
Es ist nicht falsch, aus diesen Quellen zu schöpfen, im Gegenteil: Alles ist unser und wir sollten alles verwenden, aber nur wenn es sinnvoll ist. Den eigenen Stil von weltlichen Quellen bereichern zu lassen ist gut, → unreflektiertes Übernehmen von Formen jedoch nicht.

04 Wie erkennt man, ob man zum Predigen begabt ist?

1. Der „Predigtdruck":

Ein gutes Zeichen für eine mögliche Predigtbegabung ist der „Predigtdruck": Unter Predigtdruck verstehe ich, dass man eine Lust zum Predigen verspürt, an Predigten anderer etwas auszusetzen hat und häufig eine „Alternativpredigt" im Kopf hat. Beim Bibellesen wird man auf Bibelstellen aufmerksam, die sich dann zu Predigten entwickeln. Ein solcher Predigtdruck braucht ein Ventil. Wenn Gott auf der einen Seite etwas hineingibt, muss es auf der anderen Seite auch wieder hinaus. Wenn das Verhältnis zwischen Input und Output auf Dauer gestört ist, führt das zu Frustration.

Predigtdruck trieb auch Jeremia dazu, das Wort des Herrn zu verkündigen, selbst in Zeiten, in denen es ihm so schlecht ging, dass er es lieber gelassen hätte. Für Jeremia hat es sich folgendermaßen angefühlt: *„Da brannte es in meinem Herzen, als wäre ein Feuer in meinen Gebeinen eingeschlossen und ich wurde müde, es auszuhalten, ja, ich kann es nicht"* (Jeremia 20,9). Das ist Predigtdruck. Man kann das Wort Gottes nicht zurückhalten. Es brennt im Inneren, und man meint zu platzen, wenn man es nicht weitergibt.

2. Reden Gottes:

Oft kommt das Wissen um die Berufung direkt von Gott. Mir wurde nach meiner Bekehrung schnell klar, dass ich Prediger werden sollte. Ich könnte nicht genau sagen, woher oder wie ich es wusste, aber es war mir ganz klar.

Dieses Wissen war so stark, dass die Gewissheit nicht nachließ, auch nicht in Zeiten, in denen mir andere vom Predigen abrieten. Irgendwie wusste ich ganz genau, dass die Kanzel mein Platz im Reich Gottes sein würde.

Eine biblische Geschichte, die das Reden Gottes und somit die Beauftragung zum Predigen aufzeigt ist Saulus' Begegnung mit Hananias. Nachdem Gott Saulus auf dem Weg nach Damaskus erschienen ist, beauftragte er Hananias zu Saulus zu gehen, indem er sagte: *Geh nur! Denn dieser Mann ist mein auserwähltes Werkzeug: Er soll meinen Namen vor Völker und Könige und die Söhne Israels tragen* (Apostelgeschichte 9,15).

3. Menschliche Tipps:

In manchen Zeiten kann zum göttlichen Reden auch noch menschliche Ermutigung hinzukommen. Ohne dass ich je gepredigt hätte, haben mir immer wieder Leute gesagt, ich hätte eine Gabe, schwierige Zusammenhänge einfach zu erklären.

Fazit: Wenn Gott Dich in den Verkündigungsdienst gerufen hat weißt Du es, auch wenn es Dir vielleicht schwer fällt.

✏ Aufgabe
Bevor Du weiterliest, denke darüber nach, wie Gott Dich berufen hat. Gibt es ein klares Reden Gottes? Spürst Du einen permanenten Predigtdruck? Sehen auch schon andere Menschen diese Begabung in Dir?

Wenn Du dieses Material zusammen mit anderen durcharbeitest, nehmt Euch eine Viertelstunde Zeit und erzählt einander, wieso ihr glaubt, als Prediger berufen zu sein. So lernt Ihr Euch besser kennen.

Bestätigungen:

Eine Berufung zum Predigen sollte meiner Ansicht nach eine Bestätigung nach sich ziehen. Eine solche Bestätigung kann unterschiedlich aussehen:

1. Die Bestätigung im Dienst:
Meist bekommt man nach der Predigt ein Feedback, im Idealfall hat Gott mächtig gewirkt und einige Geschwister in der Gemeinde sind von der Predigt angerührt. In diesem Fall wirken die Bestätigung Gottes durch die Frucht und die (verbale) Bestätigung der Zuhörer zusammen.
Natürlich kann es auch sein, dass man die Gabe des Predigens hat obwohl die ersten Reaktionen nicht ermutigend sind. Jesus war zum Predigen berufen, es war Teil seines göttlichen Auftrages; dennoch trachteten manche Leute ihm schon nach seinen ersten Predigten nach dem Leben – viel vernichtender kann ein Feedback kaum ausfallen!

2. Die Bestätigung des eigenen Lebens:
Wenn Predigen auch dauerhaft Spaß macht, einen selbst genauso segnet wie die Zuhörer und einen eben nicht ausbrennen lässt, hat man wohl eine Gabe zum Predigen.

3. Gabentests:
Diesen Punkt erwähne ich eigentlich nur der Vollständigkeit halber. Viele Christen begeistern sich für Gabentests, von denen es mittlerweile eine ganze Menge gibt. Kommt bei einem Gabentest heraus, dass Du die Gabe des Predigens, des Lehrens usw. hast, kann das eine schöne Bestätigung sein.
Der meiner Ansicht nach empfehlenswerteste Gabentest in deutscher Sprache ist der von Christian Schwarz (siehe Literaturliste im Anhang).

Gelegenheitsprediger

Natürlich ist nicht jeder Prediger in der Lage, in der gleichen Häufigkeit zu predigen. Wir sollten hier keine unrealistischen Erwartungen an uns haben, indem wir uns an falschen Vorbildern messen.
Es ist nicht unbedingt hilfreich, sich von berühmten Predigern unter Druck setzen zu lassen. Finde vielmehr Deinen eigenen Rhythmus.
Hier geht es genauso wie überall im christlichen Leben darum, echt zu sein, so wie man von Gott geschaffen ist. Rabbi Sussja (ein jüdischer Geistlicher) hat einmal etwas gesagt, was dieses Prinzip hervorragend illustriert: *„In der kommenden Welt wird man mich nicht fragen: ‚Warum bist du nicht Moses gewesen?' Man wird mich fragen: ‚Warum bist du nicht Sussja gewesen?'"*[1]
Wenn Du nur selten predigst, kannst Du Dich dennoch weiterentwickeln – es dauert nur länger. Je häufiger wir etwas tun, umso leichter lernen wir.

---

[1] zitiert nach Martin Buber: Der Weg des Menschen nach der chassidischen Lehre, Gerlingen 1960, Seiten 17f.

05 Charakterschule

Die Hauptaufgabe eines leitenden Christen kann niemals sein, Gottes Wort zu predigen. Sie besteht darin, auf Gottes Wort zu hören. – Magnus Malm[1]

Wie uns die Bibel berichtet, spielt neben dem „was" und „wie" gepredigt wird der Lebenswandel (Heiligkeit, Christusähnlichkeit, Gottesbeziehung) eine wichtige Rolle. Gottes Reich entsteht *eben nicht in Worten, sondern in Kraft* (1. Korinther 4,20).

Prediger ist eine Berufung und kein Job, von dem man nach acht Stunden Arbeit Feierabend hat. Man ist immer Prediger, egal ob auf der Kanzel oder privat zu Hause. Ein schlechter Lebensstil kann alles zunichte machen, was auf der Kanzel gesagt wurde. Hier ist Integrität gefragt, denn die Menschen um uns herum werden unsere Predigten immer wieder mit unserem Leben vergleichen.

Ist es für einen Prediger nicht wichtiger, in sein geistliches Leben und seine Beziehung zu Gott zu investieren, als in Stil und Rhetorik?

Wahrscheinlich stehen vielen von uns Beispiele von wirklich brillanten Predigern vor Augen, die viel im Reich Gottes bewirkt haben, aber letztlich über irgendeine Sünde oder einen Charakterfehler gestolpert sind. Fallen wir, dann bestimmt nicht weil wir in unseren Predigten zu viele Bilder oder zu wenig Witze verwendet haben, sondern eher, weil wir unser geistliches und alltägliches Leben vernachlässigt haben.

Franz von Assisi hat einmal etwas sehr Schönes und Wahres über das Evangelisieren gesagt: „Predige das Evangelium allezeit. Wenn nötig, benutze Worte!" Das trifft auch auf die Arbeit eines Predigers zu: Was Du bist, spricht auf Dauer immer lauter als das, was Du sagst.

Eins der peinlichsten Dinge, die Jesus über die Pharisäer sagte, steht in Matthäus 23,3: *Tut und befolgt also alles, was sie euch sagen, aber richtet euch nicht nach dem, was sie tun; denn sie reden nur, tun selbst aber nicht, was sie sagen.*

Fällt Dir das schwer? Dann können vielleicht Paulus' Anweisungen für das Amt eines Ältesten oder des Bischofs hilfreich sein. Du findest diese Anweisungen in 1. Timotheus 3,2-7 und Titus 1,6-8. Die gleiche „Messlatte" kann man auch an Prediger anlegen. Beachte, dass es hier fast ausschließlich um charakterliche Eigenschaften geht.

Natürlich verlangt niemand von Dir, dass Du perfekt bist, bevor Du Deine erste Predigt hältst, dennoch ist es wichtig vor Augen zu haben, wie wichtig und aussagekräftig ein tugendhafter christlicher Lebenswandel ist.

---

[1] Magnus Malm : Gott braucht keine Helden, Seite 122.

Zwei Beispiele aus dem Neuen Testament, um das zu erläutern:

1. Der Prozess gegen Jesus:

Er aber schwieg und gab keine Antwort. Da wandte sich der Hohepriester nochmals an ihn und fragte: Bist du der Messias, der Sohn des Hochgelobten? Jesus sagte: Ich bin es. Und ihr werdet den Menschensohn zur Rechten der Macht sitzen und mit den Wolken des Himmels kommen sehen. Da zerriss der Hohepriester sein Gewand und rief: Wozu brauchen wir noch Zeugen? Ihr habt die Gotteslästerung gehört. Was ist eure Meinung? Und sie fällten einstimmig das Urteil: Er ist schuldig und muss sterben (Markus 14,61-64).

Letztlich ging es in diesem Prozess nicht darum, was Jesus getan hatte, sondern darum, wer er war. Er musste nicht wegen seiner Taten sterben, sondern weil er Gott war. Der Rechtsanwalt Irwin Linton fasst das sehr gelungen zusammen, wenn er sagt: „Einzigartig unter Kriminalprozessen steht dieser da, in dem es nicht um die Taten, sondern um die Identität des Angeklagten geht."[2]

2. Dämonenaustreibung in Apostelgeschichte 19,13-16:

Die sieben Söhne des Hohepriesters Skevas versuchen, im Namen Jesu unter der Berufung auf Paulus Dämonen auszutreiben. Als Resultat werden sie von einem (!) Besessenen fürchterlich verprügelt, denn der Dämon kennt zwar Jesus und Paulus, nicht aber die sieben vermeintlichen Dämonenaustreiber.

Einen „Jesus-ähnlichen" Charakter entwickelt man nicht über Nacht und auch nicht in einem Seminar. Vielmehr reifen wir in der lebenslangen Treue zu Gott, indem wir durch dick und dünn mit Jesus gehen und an den unterschiedlichen Herausforderungen wachsen.

Gerade an den Härten des Lebens – der Glaube wird im Feuer geläutert – wachsen wir (1. Petrus 1,7 Lü), und Bedrängnisse bringen Bewährung im Glauben (Römer 5,2-5). Hier gilt ein Wort von Rick Joyner: „Don´t waste your trials." – Verschwende Deine Anfechtungen, Nöte und Herausforderungen nicht. Wer in Krisenzeiten nur jammern und nicht durchhalten kann, reift auch charakterlich nicht.

Der Charakter von Predigern wird härter geprüft

Der Heilige Geist arbeitet am Charakter eines jeden Christen. Ein Ziel unseres Glaubens ist es, dass Christus an uns erkannt werden kann. Für uns

---

[2] zitiert nach Josh McDowell: Die Bibel im Test, Holzgerlingen 1987, Seite 143.

als Prediger ist die Schulung unseres Charakters doppelt wichtig, weil wir in Gottes Reich Verantwortung tragen. Wie Jakobus 3,1 deutlich macht, wird ein Lehrer ein strenges Urteil empfangen. Das bedeutet für Prediger ganz praktisch, dass wir uns unserer Verantwortung bewusst sein sollen. Es ist immer besser, vorbereitet in die Zukunft zu gehen, als eiskalt erwischt zu werden.

In welchen Hauptbereichen wird unser Charakter geschult und geprüft?

Ganz allgemein ist zu sagen, dass der Predigtdienst einem Prediger die Möglichkeit gibt, nahezu jedem Mangel zu begegnen, den er hat. Genauer gesagt heißt das, dass wir die Kraft, die Gott uns gegeben hat, um Menschenherzen zu berühren und positiv zu verändern, zu beinahe jedem selbstsüchtigen Zweck missbrauchen können. Um dieser Gefahr zu begegnen, arbeitet Gott an uns.

Es gibt einige Bereiche, die für Prediger eine besonders große „Herausforderung" bzw. potentielle Stolpersteine sind: Anerkennung, Geld, Macht und nicht selten Beziehungen. Natürlich kann es darüber hinaus noch andere geben, (Stolz, sexuelles Fehlverhalten, geistliche Verflachung oder emotionale und seelische Verletzungen) aber hier beschränken wir uns auf die zuerst genannten.

1. Prediger oder Profilneurotiker
Wir haben im ersten Teil dieses Buches darüber nachgedacht, wie schwer es uns manchmal fällt, einen gesunden Abstand zum „Werk unserer Hände" zu bekommen. Schnell sehen wir uns nicht mehr in erster Linie als geliebte Kinder Gottes, sondern als Prediger. Ziehen wir unsere Selbstbestätigung und unser Selbstbewusstsein einzig aus dem, was wir *tun* und nicht mehr aus dem was wir *sind*, ist dies der erste Schritt auf dem Weg zum Burnout.

Das Problem ist, dass Prediger häufig im Rampenlicht und im Mittelpunkt des Interesses stehen und es ein Leichtes ist, sehr viel Anerkennung aus dem Dienst zu ziehen. Ist das Selbstwertgefühl des Predigers angekratzt, kann es dazu kommen, dass die Predigt dazu dient, Anerkennung und Beifall zu erheischen und dadurch Jesus und Gottes Wort in den Hintergrund rücken. Die Folge ist, dass der Prediger immer öfter allein auf der Bühne steht, während der Heilige Geist sich zurückzieht. Die Ruhe in Gott und geistlicher Tiefgang gehen verloren. Über dieses traurige Thema könnten viele Geschichten erzählt werden …
Jesus spricht in der Bergpredigt davon, dass gute Dinge aus einer falschen Haltung heraus getan werden können, nämlich um von Menschen gesehen zu werden. Egal wie gut wir dann predigen, Gottes Lohn wird ausbleiben. Während wir andere füllen, bleiben wir selbst leer (vgl. Matthäus 6).
Eine Spielart dieses nach Anerkennung heischenden Predigens ist die Menschenfurcht. Sind wir erst einmal vom Applaus unserer Zuhörer abhängig, ist es irgendwann nicht mehr möglich, Gottes Wort authentisch und klar zu predigen. Vielmehr hängt man sein Fähnchen in den Wind und beugt sich dem Druck der allgemeinen Meinung. Menschenfurcht war die Charakterschwäche, an der Saul, der erste König Israels, scheiterte: *Da sagte Saul zu Samuel: Ich habe gesündigt; denn ich habe mich über den Befehl des Herrn und deine Anweisungen hinweggesetzt, ich habe mich vor dem Volk gefürchtet und auf seine Stimme gehört* (1. Samuel 15,24).

Es ist wichtig, die eigenen Motive zu hinterfragen, um nicht in die Falle zu tappen, nur für Menschen und den eigenen Stolz zu predigen. Bedenke dabei aber immer, dass es dem Gabenprofil eines Predigers entspricht, gerne vorne zu stehen und zu reden. Daran ist nichts falsch. Falsch wird es erst, wenn wir mehr für unser eigenes Wohlergehen und unser Ansehen predigen, als Gott zu dienen.

2. Prediger oder Lohnredner
Der zweite Bereich, in dem wir als Prediger in der Gefahr stehen vom Weg abzuweichen, ist der finanzielle. Wem Gott die Autorität gibt, Herzen zu bewegen, der hat auch die Macht, „in die eigene Tasche zu predigen". Dieser Vorwurf wird hauptsächlich gegenüber amerikanischen *Televangelists* (Fernsehpredigern) erhoben. Überhaupt ist es ein verbreitetes Vorurteil, dass es in der Kirche doch sowieso „nur ums Geld gehe".
Leider ist dieses Vorurteil nicht ganz aus der Luft gegriffen. Es gibt Menschen im Verkündigungsdienst, die mehr für Geld als für Jesus arbeiten. Auf der anderen Seite ist es aber auch richtig, Lohn zu bekommen. Die Dosis macht auch hier das Gift. Spritgeld zu verlangen ist normal, genauso wie es in Ordnung ist, etwas mehr zu bekommen. Bedenklich wird es da, wo wir nicht mehr bereit sind, um des Reiches willen etwas zu investieren oder wir unsere Predigteinladungen nach Lukrativität auswählen. Man kann nur einem Herren dienen – Gott oder dem Geld (Lukas 16,13). Geht es uns nur ums Geld, so werden unsere Predigten geist- und inspirationslos.

3. Prediger oder Politiker

Der dritte gefährliche Bereich ist Macht. Wie der Volksmund schon sagt korrumpiert Macht, aber auf der anderen Seite macht sie auch attraktiv. Menschen beherrschen gerne andere Menschen; dazu war die Kunst der Rede schon immer ein gern gewähltes Mittel. Es liegt aber nicht in Gottes Interesse, dass wir predigen, um Macht über Menschen zu bekommen.

In 1. Timotheus 2,12 sagt Paulus: *Ich erlaube aber einer Frau nicht zu lehren, auch nicht über den Mann zu herrschen (Eberfelder Übersetzung)*. Wie viele Theologen bin ich der Ansicht, dass es sich hierbei um ein sogenanntes Hendiadyoin handelt, eine Aussage, in der zwei Wörter mit ähnlicher Bedeutung zur Verstärkung der Gesamtaussage verwandt werden. Paulus verbietet der Frau das Lehren, wenn es mit dem Ziel geschieht, über den Mann zu herrschen. Meiner Ansicht nach gilt das nicht nur für Predigerinnen; es ist generell falsch, Predigten als Mittel zur Herrschaft und Manipulation zu verwenden.

Wir müssen uns bewusst machen, dass wir als Prediger ein hohes Ansehen genießen und unseren Aussagen zunächst einmal Glauben geschenkt wird. Diesen Vertrauensvorschuss gilt es nicht zu missbrauchen, um Menschen in unserem Sinne zu manipulieren. Gerade wenn wir in der Doppelrolle als „Hirte und Lehrer" fungieren, ist die Gefahr groß, Entscheidungen durch unsere Predigten in unserem Sinne zu beeinflussen.

4. Prediger oder Rockstar

Ein weiterer potentieller Stolperstein für die, die häufig auf der Bühne stehen, ist der Ruhm. Je berühmter man ist, umso mehr wird man auch gemocht, was immer wieder auch sexuelle Avancen mit sich bringen kann. Viele Pastoren und Prediger erliegen manchmal sexuellen Versuchungen. Ein Bereich, auf den man unbedingt achten sollte.

Die Josefsgeschichte

Eine besonders eindrückliche Geschichte zum Umgang mit widrigen Lebensumständen und dem Wachsen an Herausforderungen ist die Geschichte von Josef aus dem Alten Testament (Genesis 37-50):
Obwohl ich im Folgenden die (für unser Thema) wichtigsten Stationen schematisch darstelle, bitte ich Dich, den Text einmal als Ganzes zu lesen.

1) Struktur des Textes[3]

Um einen (längeren Bibel-)Text zu erfassen, ist es zunächst einmal nötig, ihn zu strukturieren, um ihn vollständig zu erfassen. Die Struktur, die man einem Text gibt, kann sehr individuell sein. In diesem Fall kommt mir die Strukturierung der Neuen Genfer Studienbibel sehr entgegen:

---

[3] nach der Genfer Studienbibel, Holzgerlingen 1999, Seite 6.

1. Josefs Traum von seiner Herrschaft (37,2-11)
2. Die Sünden von Jakobs Familie (37,12-38,30)
3. Josefs Aufstieg und Herrschaft über Ägypten (Kapitel 39-40)
4. Josefs List und Versöhnung der Bundesfamilie (Kapitel 42-45)
5. Überleitung zum zweiten Buch Mose (Kapitel 46-50)
    a) Wanderung nach Ägypten (46,1-27)
    b) Bewahrung in Goschen (46,28-47,28)
    c) Jakobs Segen für die zwölf Stämme (48,1-49,28)
    d) Jakobs Tod und Begräbnis in Kanaan (48,29-50,14)
    e) Josefs Tod in Ägypten mit der Verheißung auf das Land Kanaan (50,15-26)

2) Biografie und Charakterschule Josefs
Josef ist der jüngste Sohn einer großen Familie und wird von seinem Vater Israel so sehr bevorzugt, dass seine elf Brüder ihn hassen (37,3-4).
In einem prophetischen Traum wird er über seine Brüder gesetzt und verkündet es diesen auch noch leichtfertig (37,5ff). An dieser Stelle ist es besonders interessant, dass auch häufig das Predigtamt mit einem Traum oder einer Vision beginnt.

Josefs Weg nach ganz oben beginnt damit, dass er nach ganz unten gehen muss. Zunächst in einen Brunnen (37,24), in den ihn seine eifersüchtigen Brüder werfen, und dann in die Sklaverei (37,28).
Nachdem er an die Midianiter verkauft wurde, verkaufen diese ihn weiter nach Ägypten an Potifar, einen hohen Würdenträger des Pharao (37,36).
In dessen Hause entwickeln sich die Dinge zunächst recht positiv für Josef, und er wird Verwalter des Hauses Potifars (39,5). Später aber kommt er unter falschen Beschuldigungen ins Gefängnis und bleibt einige Zeit dort (39,12ff).
Nachdem er einen Traum des Pharao auslegt, wird er nicht nur aus dem Gefängnis entlassen, sondern über ganz Ägypten gesetzt: *Du sollst über mein Haus sein, und deinem Befehl soll mein ganzes Volk gehorchen; nur um den Thron will ich höher sein als du* (Genesis 41,40).
Hier enden die Ereignisse, die schließlich tatsächlich zur Erfüllung seines eigenen Traumes führen. Es vergehen noch einmal mindestens sieben Jahre, bis sich die Brüder tatsächlich vor ihm niederbeugen, so dass es insgesamt wohl mehr als zwanzig Jahre dauert, bis Josefs Vision von Gott erfüllt wird. Das ist eine lange Zeit. Also lohnt es sich, einige Zeit für unsere charakterliche Entwicklung einzuplanen!

Diese Entwicklung geschieht, wie gesagt, nicht in Seminaren und wahrscheinlich auch nicht in Bibelschulen. Es ist die Schule des Lebens. Esra empfing seine Ausbildung in Babylon (Esra 7,6), und auch wir werden in weltlichen Situationen, im Babel der Arbeit, Uni, Schule usw. charakterlich für das Amt des Predigers ausgebildet.
Der Weg ist natürlich immer wieder hart und schwer. Die große Vision in

unserem Herzen wird so wenig sichtbar. Aber es lohnt sich allemal, den Weg zu gehen und sich von Gott auf das vorbereiten zu lassen, was kommt. Wenn Du in einer solchen Phase der Vorbereitung und des Wartens steckst und Dir alles viel zu langsam vorangeht, dann lass Dich ermutigen: Der Heilige Geist ist nicht langsam, er ist gründlich.

> Erforsche mich, o Gott, und erkenne mein Herz; prüfe mich und erkenne, wie ich es meine; und siehe, ob ich auf bösem Wege bin, und leite mich auf ewigem Wege! – (Psalm 139,23-24).

06 Geist und Wort – auf einem Bein kann man schlecht stehen

Und nach sechs Tagen nahm Jesus den Petrus, den Jakobus und dessen Bruder Johannes mit sich und führte sie beiseite auf einen hohen Berg. Und er wurde vor ihnen verklärt, und sein Angesicht leuchtete wie die Sonne, und seine Kleider wurden weiß wie das Licht. Und siehe, es erschienen ihnen Mose und Elia, die redeten mit ihm (Matthäus 17,1-3).

Jesus führt drei seiner Jünger auf einen Berg und wird dort „verklärt". Äußerst interessant ist, wer Jesus dort oben auf dem Berg übernatürlich begegnete. Dass Jesus gerade Mose und Elia begegnet, ist sicherlich kein Zufall. Mose ist der Mann des Gesetzes. Derjenige, der die zehn Gebote und das ganze Gesetz Israels empfangen hatte und damit bis auf die Tage Jesu einer der maßgeblichsten Menschen überhaupt für das Leben Israels war. Gott hatte sich in diesen alttestamentlichen Geboten, seinem Wort, offenbart.
Aber Gott offenbarte sich nicht nur im Gesetz, zum Wort Gottes kamen die Propheten. So kam zum Wort der Geist; dafür steht Elia, der einer der größten und bekanntesten Propheten des Alten Testamentes war (1. Könige 18 bis 2. Könige 3; 2. Könige 9-10). Jesus ist nicht gekommen, um eines gegen das andere auszuspielen; im Gegenteil, er ist gekommen, um sowohl Gesetz als auch die Aussagen der Propheten zu erfüllen (Matthäus 5,17).
Wort und Geist gehören zusammen und dürfen nicht voneinander getrennt werden.
Leider geschieht aber eben das immer wieder. Manch einer hat so eine „Liebe zum Wort", dass der Eindruck entsteht, Jesus wäre Buch geworden und nicht andersherum, das Wort Fleisch (Johannes 1,14). Andere wiederum leben (und predigen!) so, als ob es keine Bibel gäbe und versinken in Relativität.
Ein Fehler, den manche Mystiker machen.
Nur Wort wird Gesetz und langweilig – die verändernde Kraft des Geistes fehlt.
Nur Heiliger Geist wird sektiererisch, denn wo das Fundament des Wortes fehlt, kann keine Offenbarung geprüft werden, Beliebigkeit hält Einzug.
Für gute Predigten brauchen wir beides in einem ausgewogenen Verhältnis, Wort und Geist.

Der Kirchenlehrer Tertullian (ca.150–ca. 230) sagte einmal, dass Wort und Geist die beiden Hände Gottes sind. In jedem Predigtschritt müssen Geist und Wort zusammenwirken.

07 Predigtangst und Lampenfieber[1]

Was, wenn einen die Aussicht darauf zu Predigen nicht nur fröhlich stimmt?

Gerne würde ich auf zwei Formen dieser Angst oder Nervosität vor der Predigt eingehen:

Einerseits gibt es das klassische Lampenfieber, das in einem gewissen Maß normal und gut ist. Diese Aufgeregtheit verhindert, dass wir beim Predigen in eine Routine verfallen und nicht mehr richtig über unsere Leistungen nachdenken. Routine ist fast immer der erste Schritt zu Flüchtigkeitsfehlern. Dieses Lampenfieber bewahrt uns davor, unvorbereitet oder mit zu wenig Bewusstsein für die Abhängigkeit von der Gnade Gottes auf die Kanzel zu gehen. Spricht man mit Predigern, die schon viele Predigten gehalten haben und seit Jahren im Verkündigungsdienst sind, bestätigen viele, dass sie noch immer Lampenfieber haben, häufiger auf Toilette müssen oder schweißnasse Hände haben.

Zu diesem Lampenfieber gesellt sich häufig bei jüngeren Predigern noch die Angst, den Faden zu verlieren oder nicht die richtigen Worte zu finden. Sie leiden angesichts der Wichtigkeit ihrer Aufgabe an Versagensangst. Natürlich ist auch eine solche Angst berechtigt, sie sollte aber nicht dazu führen, dass Du Dich nicht mehr in der Lage fühlst frei zu sprechen. Betrachtet man beispielsweise die Menge an sinnvollen Sätzen, die ein Mensch innerhalb einer Woche von sich gibt, ist es eher unwahrscheinlich, dass er genau in der halben Stunde, in der er auf einer Kanzel steht, sich gut vorbereitet hat und genau weiß was er sagen will, einen „Blackout" hat und nur noch sinnloses Zeug von sich gibt. Und selbst wenn das einmal geschehen sollte, passiert es in einer der besten Umgebungen, die man sich dafür wünschen kann: innerhalb einer liebenden und verzeihenden Gemeinde.

Ich möchte Dir Mut machen Dich der Angst zu stellen, sie anzunehmen und Dich nicht von ihr blockieren zu lassen.

Je besser Du Dich mit dem Predigtthema auseinandergesetzt hast, desto sicherer bist Du im Stoff, hast die Aussagen und Thesen im Herzen bewegt und kannst Dich immer freier im Stoff bewegen.

---

[1] Das Kapitel „Predigtangst und Lampenfieber" wurde von Ferry Kreisz (ferry@kultshockk.de) erarbeitet.

08 Was soll ich predigen?

Es spricht eine Stimme: Predige! Und er sprach: Was soll ich predigen? (Jesaja 40,4)

Jeder, der regelmäßig predigt, kennt das Problem: Morgen ist Gottesdienst, und die zündende Idee fehlt immer noch. Fehlt einem das Thema oder ein Bibeltext, so lässt es sich schwer predigen. Im Folgenden möchte ich einige Möglichkeiten aufzeigen, wie sich ein Thema oder Bibeltext finden lässt, sollte dieser nicht vorgegeben sein. Wer häufig predigt, ist eigentlich immer in der Vorbereitung. Ständig sucht man nach Illustrationen, Formulierungen und Überschriften, da kann es nicht verkehrt sein, das eigene Repertoire zu erweitern.

1. Inspiration:

Inspiration ist ein weitgefasster Begriff, der von der normalen menschlichen Kreativität, die Prediger haben sollten, bis hin zu der übernatürlichen Inspiration Gottes reicht. Viele Predigten kommen einem „einfach so" in den Sinn, ohne dass man sich direkt und bewusst Gedanken darüber macht. Beim Autofahren, duschen, oder einkaufen kann einem ein mögliches Predigtthema einfallen. Darüberhinaus kann Gott auf unser Gebet reagieren und zu uns sprechen. Dies kann ganz direkt während des Betens der Fall sein, oder aber auch durch Bilder und Eindrücke.
Gott möchte in der Gemeinde zu Wort kommen, so dass ein direktes Reden Gottes keine Seltenheit ist.
Die Inspiration lässt sich nicht planen, äußere Bedingungen lassen sich zwar schaffen, aber letztlich bleibt es Gnade, wenn Gott spricht, oder die menschliche Inspiration steuert.

2. Perikopen:

In den Landeskirchen gibt es eine einfache Regelung für die Themen der Predigten. Die sogenannten Perikopenreihen regeln die Reihenfolge der Themen.
Möchte man mit einem Predigerteam einen längeren Bibelabschnitt (eventuell ein ganzes Evangelium etc.) behandeln, so kann eine Einteilung, wie sie sich in der Perikopenreihe findet, durchaus sinnvoll sein. Perikopen schaffen einen guten Rahmen.

3. Das Kirchenjahr:

Auch wenn man sich nicht an Perikopen orientiert, kann es praktisch sein, auf das Kirchenjahr oder wenigstens die Hauptfeste einzugehen. Sind diese zwar einigermaßen willkürlich über den Kalender verteilt, so spiegeln sie dennoch fundamentale Wahrheiten des Glaubens wider.

Bei einem Schuleinsatz hat mir eine Lehrerin mal folgende peinliche Geschichte erzählt: Auf die Frage „Nenne mir mal zwei christliche Feiertage", bekam sie die Antwort: „Weihnachten und Valentinstag". Damit unseren Gemeindemitgliedern und Kindern so was nicht auch passiert, ist es wichtig, bei der Themenwahl die Kirchenfeste im Auge zu haben.

Es ist sinnvoll, darauf zu achten, dass die Grundwahrheiten des Glaubens immer wieder in unseren Gottesdiensten auftauchen. Es gibt ständig neue Leute in der Gemeinde, und wir sollten nicht unbedingt unser Augenmerk darauf richten, dass unsere Predigten immer originell sind. Die Grundwahrheiten dürfen und müssen einfach wiederholt werden.
Für manch einen Prediger ist das etwas unangenehm. Ich zumindest mag es gar nicht, Predigten oder auch nur Gedanken turnusmäßig zu wiederholen. Deshalb bete ich immer, dass Gott mir um der Gemeinde willen die Motivation des Paulus gibt: *Euch immer das gleiche zu schreiben wird mir nicht lästig, euch aber macht es sicher* (Philipper 3,1).

4. Spezialisten:

Spezialisten, wie z.B. Evangelisten, haben immer etwas zu sagen und wissen auch schon im Voraus genau, was. Als Spezialist sollte man sich darum bemühen, einen Platz im Reich Gottes einzunehmen, der den eigenen Gaben entspricht. Es ist für keine Gemeinde besonders gut, wenn jeder Gottesdienst vom Kreuz handelt, oder immer der Gemeindeseelsorger predigt. Um eine Gemeinde geistlich fit zu machen, braucht es eine „ausgewogene Lehre". Wird der eine oder andere Bereich permanent überbetont, bekommt die Gemeinde Schlagseite und wächst nicht gesund.
Gerade für Evangelisten gilt, dass sie sich ihr Publikum meist suchen müssen. Deshalb mein Rat an Dich, falls Du ein evangelistischer Prediger bist: Versuche, nicht zu häufig in Gemeinden zu predigen. Die Straße, Discos, Kneipen usw. sind eher Dein Platz.
An dieser Stelle gilt es für uns Christen umzudenken. Die evangelistischen Systeme, die wir im Moment in Deutschland anwenden, funktionieren nicht immer. Wenn Du Evangelist bist, warte nicht darauf, dass ein Nichtchrist in die Gemeinde kommt. Gehe lieber zu den Menschen und predige „den Heiden" das Evangelium.

5. Die Gemeindesituation:

Eine Predigt sollte im besten Sinne des Wortes zuhörerorientiert sein. Es ist ein großes Übel, wenn die Predigt an den Bedürfnissen der Gemeinde vorbeigeht. Deshalb ist es immer gut, sich zu fragen, vor wem man eigentlich spricht. Wer sind die Menschen, die mir zuhören?
Häufig ist es die eigene Gemeinde. Lerne Deine Gemeinde kennen und dann kannst Du hörerzentriet predigen. Dabei ist es wichtig, den Unterschied zwischen Ältesten und Gastpredigern zu beachten (Kapitel 09). Es gilt: Gemeinde

sollte theologisch von den Ältesten geprägt werden. Es ist sinnvoll zu wissen, wo die Gemeinde geistlich steht und was Gott in ihr tun will. Um die Situation einer Gemeinde besser kennen zu lernen gibt es einige praktische Tipps.

✘ Praxistipp: Wie lerne ich die Gemeindesituation kennen?

1. Durch Gespräche und Beziehungen.
Durch vielfältige Beziehungen zu Gemeindegliedern und der Gemeindeleitung lernt ein Prediger die Gemeinde kennen, in der er spricht. Bist Du selbst nicht in der Gemeindeleitung, könntest Du die Leiter der Gemeinde fragen, welche Themen die Gemeinde gerade beschäftigen.

2. Durch Gebet.
Da Gott will, dass seine Gemeinde stark wird, kannst Du davon ausgehen, dass er mit Dir über die Gemeinde und das, was er tun will, redet.

3. Beobachtung geistlicher Parameter.
Es gibt einige Aspekte, auf die man achten kann, um zu erkennen, ob eine Gemeinde gesund ist oder nicht. In diesem Zusammenhang hilft vielleicht, dass Jesus der Gemeinde eine gewisse Aufgabe und Bestimmung zugedacht hat. Welche Bestimmung dies genau ist, wird unterschiedlich wahrgenommen. Ich favorisiere das Modell von Rick Warren[1]: Jüngerschaft, Anbetung, Gemeinschaft, Evangelisation, Dienst (JAGED). Im Idealfall sollten alle Bereiche gleichmäßig abgedeckt sein (20% für jeden Bereich). In der Praxis geht das natürlich nicht immer so. Ungleichgewichte können dann zu Predigtthemen führen.
Ist die Anbetung der Gemeinde z.B. besonders schlecht, empfiehlt sich eine Predigt über Anbetung. Im Anhang ist das Modell von Rick Warren in einer Tabelle erläutert.

4. „Natürliche Gemeindeentwicklung" (NGE)
Ein noch genaueres System zur Gemeindeanalyse bietet die „Natürliche Gemeindeentwicklung" nach Christian A. Schwarz. Der Vorteil ist, dass sich anhand dieser Unterlagen ein wissenschaftliches Gemeindeprofil erstellen lässt und man überdies Arbeitshilfen bekommt, die sehr hilfreich sein können.
Weitere Informationen gibt es z.B in der Broschüre *1x1 der Gemeindeentwicklung*[2].

5. „Tagespolitik":
Dieser Punkt liegt irgendwo zwischen Gemeindesituation und den allgemeinen Möglichkeiten, ein Predigtthema zu finden. Es gibt Dinge, die eine Gemeinde so stark beschäftigen, dass man einfach darüber reden und predigen muss. Normalerweise sollte ein Prediger sich nicht allzu abhängig von

---

[1] vergl. Rick Warren, Kirche mit Vision, Asslar 1998.
[2] Christian A.Schwarz: Das 1x1 der Gemeindeentwicklung, Emmelsbüll 2001.

der Weltsituation machen, damit Gott und nicht die Umwelt die Gemeinde prägt. Ereignet sich etwas Weltbewegendes, so sollte man auch die biblische Sicht in der Gemeinde hören können.

6. Spontan predigen:
Natürlich kann es auch vorkommen, dass man im Gottesdienst auf einen prophetischen Eindruck reagieren muss oder auch, dass Gott einem plötzlich eine andere Botschaft aufträgt. So sehr wir darauf reagieren wollen und sollen, es ist nicht der Standard und darf eine gute Predigtvorbereitung nicht ersetzen. Hier gilt, dass Spontaneität eingeübt sein will. Will man spontan predigen, ist es umso wichtiger, einen guten Fundus ausgearbeiteter Predigten zu haben, um nicht live herumexperimentieren zu müssen. Spontan kann man nur sein, wenn man aus einem tiefen Brunnen schöpft, sonst wirkt man oberflächlich und unvorbereitet.

Was einem manchmal als „geistgeleitete Predigt" verkauft wird, ist nichts weiter als Lieblosigkeit: Die Gemeinde ist dem Prediger nicht einmal die Vorbereitungszeit seiner Predigt wert.

7. Themen vorgegeben bekommen (Gastpredigten):
Ist man als Gastprediger in eine andere Gemeinde oder Gruppe eingeladen, so wird einem häufig das Thema vorgegeben. In diesem Fall sollte man sich, bevor man den Predigttermin annimmt, gründlich Gedanken machen, ob man zu dem Thema etwas zu sagen hat.

Es ist äußerst unangenehm, mit einem Mikro in der Hand auf einer Bühne zu stehen und das Gefühl zu haben, der falsche Mann am falschen Ort zu sein. Auch wenn es Dir schwerfällt, einen Predigttermin abzulehnen, ist das manchmal der richtige Weg.

Eine häufige Spielart des „vorgegebenen Themas" sind Kasualien (geistliche Amtshandlungen aus besonderem Anlass), also Hochzeiten, Beerdigungen und Taufen. Normalerweise werden Gottesdienste zu diesen besonderen Anlässen mit den Beteiligten oder den Hinterbliebenen zusammen geplant, und diese haben einen großen Einfluss gerade auf die Wahl des Predigttextes und -themas.

8. Aus der Fülle des Herzens predigen:
Oft liegt einem einfach etwas auf dem Herzen, eventuell etwas, das Gott einem selbst gerade sagt.

Da Prediger natürlich im Idealfall selbst viel Zeit mit Gott verbringen, sei es in Gebet oder Bibellese, ist das Herz oft voll und der „Predigtdruck" entsteht. Aus einem vollen Herzen lässt sich gut predigen, *denn wovon das Herz voll ist, davon geht der Mund über* (Matthäus 12,34).

An dieser Stelle sollte man sich von Gottes Wort, etwa bei der eigenen Stillen Zeit, inspirieren lassen.

Meiner Ansicht nach ist das die schönste Art zu predigen. Die Predigt ist immer frisch und aktuell und kommt von Herzen. Das, was uns bewegt, bewegt normalerweise auch die Zuhörer.

Es ist aber gefährlich, sich von dieser direkten Inspiration abhängig zu machen.

9. Konserven predigen:
Gerade Prediger, die viel reisen und in verschiedenen Gemeinden außerhalb ihrer Heimatgemeinde predigen, werden immer wieder auf bereits gehaltene Predigten zurückgreifen wollen. Warum auch nicht? Gottes Wort wird ja nicht weniger wahr, nur weil es öfter in der gleichen Weise gepredigt wird. Am „Konservenpredigen" ist also nichts falsch, allerdings sollte man darauf achten, dass man nicht die gleiche Predigt in einer Gemeinde mehrmals hält. Es ist also sinnvoll, sich eine Übersicht über gehaltene Predigten zu erstellen.
Evangelisten haben oft nur wenige Predigten, die sie immer wieder halten, was sicherlich mit der thematischen Beschränkung zu tun hat, die ihre Gabe ihnen auferlegt.

Was ist nun die ideale Art, zu einem Predigtthema zu kommen?
Ich denke, eine Mischung aus allem. Alles hat Vor- und Nachteile, und eine Mischung aus allem ist sicherlich gut. Wichtig ist auf jeden Fall, dass bei der Wahl des Themas Wort und Geist zusammenwirken müssen. Gott selbst baut seine Gemeinde und hat das letzte Wort, auch in der Wahl des Predigtthemas. Wir sollten offen dafür sein, aus allen möglichen Richtungen inspiriert zu werden.
Hier kann uns Habakuk eine Hilfe sein:
Auf meine Warte will ich treten und mich stellen auf den Turm, damit ich erspähe und sehe, was er mir sagen wird (Habakuk 2,1).
Ein Wachturm ist hoch und nach allen Seiten offen. Von einem Turm aus hat man den Überblick über das ganze Land. Genauso wie Habakuk sollten wir Prediger auf dem Turm stehen und nach allen Seiten offen für das Reden Gottes sein. Gott hat alle Möglichkeiten, uns anzusprechen: im Kino und in Gottesdiensten, in Gebetszeiten und Gesprächen. Ihm sind keine Grenzen gesetzt.

Auf der nächsten Seite findest Du eine Tabelle, die alle Methoden noch einmal darstellt.

✎ Aufgabe
Probiere alle Möglichkeiten, zu einem Predigtthema zu kommen, so weit es geht aus. Dabei ist es eigentlich egal, ob Du es zu Hause als Gedankenexperiment machst oder ob Du die Predigten tatsächlich hältst. Entscheidend ist lediglich, dass Du eine gewisse Breite der Themenfindung bekommst; das wird sich in Deinem weiteren Dienst als ungemein nützlich erweisen.
Auch wenn die eine oder andere Möglichkeit Dir überhaupt nicht zusagt, lohnt es sich dennoch, sich einmal damit auseinanderzusetzen.

Wie finde ich ein Predigtthema?

Methode	Vorteil	Nachteil
Perikopen	Eignen sich sehr für Lehrpredigtreihen. So kann man z.B. einmal durch die Bibel oder bestimmte Teile der Bibel predigen.	Wenn man sich an die Perikopenreihen der Kirchen hält, wird es leicht langweilig und „geistdämpfend".
Kirchenjahr	Fundamentale christliche Lehren werden immer wieder wiederholt. Dadurch wird die Gemeinde in diesen wichtigen Grundlagen bestärkt.	Man kann es übertreiben und sich zum Sklaven eines Systems machen. Dann wird es langweilig, einschränkend und unflexibel.
Spezialisten	Weil alles Wissen Stückwerk ist und niemand alles weiß und kann, ist es erheblich von Nutzen, Spezialisten einzusetzen, um die ganze Gemeinde in jedem Punkt zur Reife zu bringen. Der Vorteil für den Spezialisten ist natürlich, dass er immer zumindest grob weiß, worüber er predigen soll. Oft sind Spezialisten auch im Reisedienst und kommen mit einer Handvoll Predigten aus.	Wenn ein Spezialist immer in derselben Gemeinde predigt, kommt es zu Unausgewogenheit und Schlagseiten.
Gemeindesituation	Predigten hinterlassen in vielen das Gefühl, verstanden worden zu sein. „Genau darüber habe ich schon die ganze Woche nachgedacht."	Es kann ein Ungleichgewicht entstehen zwischen dem, was ist und dem, was Gott tun will. Es ist nützlich, wenn Predigt die Gemeinde nicht nur prägt, sondern auch einen Weg angibt, also zukunftsorientiert ist.
Tagespolitik	wie Gemeindesituation	Wie Gemeindesituation, nur noch etwas gefährlicher. Wer immer nur auf die Umwelt reagiert, kann langfristig nicht prägen, weil er nie dahin kommt, die Gemeinde zur Alternative werden zu lassen.
Fülle des Herzens	Die Predigten wirken sehr frisch und direkt. Vieles wird persönlicher, vielleicht gerade, weil es aus dem Bauch herauskommt.	Solche Predigten sind oft nicht besonders tief. Man hat einfach keine Zeit gehabt, den Standpunkt für sich selber zu durchdenken und (noch wichtiger) zu durchleben. Allzu leicht werden Begeisterung und Reden Gottes verwechselt und Spontaneität geht zu Lasten theologischer Tiefe.
Vorgaben & Kasualien	Man hat schon ein Predigtthema und muss es nicht lange suchen.	Die Vorbereitung ist manchmal sehr schwierig, weil Vers und Thema den Prediger unter Umständen nicht spontan ansprechen. Man muss also erst einen Bezug zum Thema herstellen.
Konserven	Sehr einfach, benötigt nur eine minimale Vorbereitungszeit.	Es besteht die Gefahr, dass Leute im Publikum die Predigt schon kennen und sich langweilen. Es ist nicht immer einfach, sich selber innerlich auf eine Predigt einzugrooven, die man schon einmal gehalten hat.
Spontanes Predigen / Inspiration	Spontanes lässt sich schwer in Vor- und Nachteile aufgliedern	

09 Von Ältesten und Gastpredigern

Wie habe ich mich als Gastprediger zu verhalten oder – ein Knigge[1] für Prediger im Reisedienst.

Obwohl es wünschenswert ist, dass in einer Gemeinde unterschiedliche Prediger aktiv sind und auch mal Spezialisten von außen eingeladen werden, sind die Ältesten der Gemeinde speziell angewiesen, über die Lehre der Gemeinde zu wachen und die Gemeinde hinsichtlich der *Einheit des Glaubens* (Epheser 4,13) zu fördern. Diese Aufgabe ist in ihrer Bedeutung nicht zu unterschätzen, denn „Lehrpluralität" führt leicht zu Verwirrung und einer gewissen „Beliebigkeit". In einigen Fragen ist die Bibel nicht eindeutig und lässt eine gewisse Bandbreite an Ansichten und Herangehensweisen zu. Solche Fragen sind zum Beispiel: die Struktur, die Stellung zu anderen Kirchen, sowie kulturelle und soziale Aspekte.
Hier ist die Leitung der Gemeinde gefragt, sich nach bestem Wissen und Gewissen und idealerweise durch Inspiration des Heiligen Geistes für die eine oder andere „Theologie" zu entscheiden.
Rein strukturell gesehen ergeben sich drei mögliche Rollen, die dem Prediger zustehen: Gemeindeleiter, Gemeindeglied oder Gastprediger. Da diese drei Positionen verschiedene Rechte und Pflichten mit sich bringen, wollen wir sie nacheinander genauer untersuchen.

1. Älteste (hier am Beispiel der Timotheusbriefe)

Timotheus wird von Paulus angewiesen, das, was er von ihm empfangen hat, anderen, treuen Menschen anzuvertrauen, die ihrerseits andere lehren können (2. Timotheus 2,2). In der Zeit des Neuen Testaments war es noch schwerer, in einer Gemeinde gesunde Lehre zu haben, als heute. Der Kanon des Neuen Testamentes war noch nicht etabliert. Heutzutage sind vielerlei Gaben und Fähigkeiten wichtig für einen Ältesten oder einen Leitungskreis, die für die damaligen Ältesten nicht außerordentlich von Bedeutung waren. Dennoch sind zwei Aspekte von Ältesten- und Leiterschaft, die wir in den Timotheusbriefen finden, auch für uns heute noch sehr wichtig: Das Vorgeben einer (theologischen) Richtung durch die Lehrautorität und das Prägen der Gemeinde durch Predigten.

1.1. Die Lehrautorität der Gemeinde:
Du weißt, dass ich dich ermahnt habe, in Ephesus zu bleiben, ... und einigen zu gebieten, dass sie nicht anders lehren ... (1. Timotheus 1,3ff).

---

[1] Adolf Freiherr von Knigge schrieb 1788 „Über den Umgang mit Menschen". Das Buch wurde ein Standardwerk für gute Sitten.

Älteste und Gemeindeleiter müssen wissen, was sie glauben, um Irrlehren erkennen und unterbinden zu können. Die Lehrautorität liegt im NT in den Händen der Gemeindeleitung oder des Apostels, der die Gemeinden supervidiert. Von besonderer Bedeutung ist diese Aufgabe, sollten viele Gastprediger lehren oder verschiedene theologische Strömungen in der Gemeinde vorhanden sein (dies war wohl bei der Gemeinde von Timotheus der Fall). Bei aller Pluralität im Predigtdienst und bei allem angebrachten „auch-mal-was-stehenlassen" ist es doch wichtig, dass die Gemeinde eine einheitliche Linie hat und nicht ständig hin- und hergerissen wird.

Wenn Du Ältester Deiner Gemeinde bist, wachse im Umgang mit der Schrift.

1.2. Das Formen der Gemeinde durch Lehre:
Deshalb soll der Bischof ein Mann ohne Tadel sein, nur einmal verheiratet, nüchtern, besonnen, von würdiger Haltung, gastfreundlich, fähig zu lehren (1. Timotheus 3,2).

Mit dem Begriff Bischof ist an dieser Stelle kein kirchliches Amt gemeint, sondern ein Alternativbegriff zu Ältestem oder Gemeindeleiter. Paulus gibt Timotheus einige Anweisungen für die Einsetzung von Ältesten, und neben vielem anderen taucht auch das Kriterium der Lehrfähigkeit auf.

Interessanterweise findet sich das griechische Wort *didaktion* nur an zwei Stellen im Neuen Testament: 1. Timotheus 3,2 und 2. Timotheus 2,24. Beide handeln davon, dass Älteste (Diener des Herrn) lehrtüchtig sein sollen.

Dahinter steht die Ansicht, dass Älteste ihre Lehrautorität nicht nur zur Korrektur einsetzen sollen, sondern auch, um die Gemeinde zu formen. Ob das ausschließlich durch das Predigeramt geschieht, sei dahingestellt. Auf jeden Fall sollten Älteste in der Lage sein, „den Unbekehrten das Evangelium zu verkünden und die Bekehrten zu unterweisen."

Auch hier lässt sich aus dem Zusammenhang erkennen, dass Worte nicht unbedingt das Wichtigste und keinesfalls das Einzige sind. Taten und ein heiliges Leben sprechen oft lauter als jede Rede von der Kanzel!

2. Prediger, die nicht der Gemeindeleitung angehören

Natürlich muss nicht jeder, der in der Gemeinde predigt, Mitglied der Gemeindeleitung sein. Das wäre auch gar nicht unbedingt wünschenswert. Leitungskreise sind häufig recht klein und ein wenig Abwechslung kann hier und da nicht schaden. Überdies muss nicht jeder Älteste auch eine Begabung zum Predigen haben.

Heutzutage klingt es recht natürlich, dass nicht nur der Leiter predigt. Aber das war nicht immer so. Früher galt es als unmöglich, dass jemand anderes als der Pastor selbst predigte.

Es ist gut, die Freiheit zu haben, dass jeder seine Begabung einbringen kann, wobei dies hin und wieder Probleme mit sich bringen kann. Es liegt in der Verantwortung der Gemeindeleitung zu entscheiden, welche theologische

Richtung die Gemeinde haben soll. Deshalb ist es für ein Gemeindeglied, das hin und wieder predigt, wichtig, sich der Leitung unterzuordnen. Zwar wird das Recht mitzuwirken und mitzuprägen an einen Prediger delegiert, aber ein Prediger sollte darauf achten, am gleichen Strang wie die Gemeindeleitung zu ziehen und nur dann eine Richtungsänderung zu predigen, wenn es *vorher* abgesprochen ist.

3. Gastprediger

Für einen Gastprediger gelten die oben getroffenen Aussagen umso mehr. Denke immer daran, Du bist ein Gast der Gemeinde, und folglich solltest Du Dich auch wie ein Gast verhalten. Egal wo Du bist, Du solltest Dich der Leitung der Gemeinde, die Dich einlädt, unterordnen.
In manchen Gemeinden gibt es eine Gottesdienstleitung, die in Fragen, die den Gottesdienst betreffen, das letzte Wort hat. Es ist gut, vorher abzusprechen, wer die Verantwortung für den Gottesdienst hat.

In theologischen Fragen
In theologischer Hinsicht sollten eher keine Probleme auftreten, da ein Gastprediger meist nur in Gemeinden eingeladen ist, zu denen kein theologisches Spannungsverhältnis besteht. Ist dies dennoch der Fall, achte darauf, keine richtungsweisenden theologischen Statements abzugeben. Beispielsweise wäre es unkorrekt, in einer evangelischen Kirche gegen die Unart der Kindertaufe zu wettern oder den Pastor der Baptistengemeinde als Erwachsenentäufer zu beschimpfen.
Auch wenn es Dich reizt, bekannte Reizthemen zu behandeln ist dies nicht Deine Aufgabe, wenn Du als Gastprediger eingeladen bist. Letzten Endes bringen Kanzelkontroversen nur schlechte Beziehungen und weitere Spaltung im Leib Jesu. Es bietet sich eher an, mit den Zuständigen in einem anderen „Setting" zu diskutieren.
Als Prediger sollten wir uns bemühen, das zu kommunizieren, was wichtig ist und uns von Gott her auf dem Herzen liegt, und nicht die Herzen der Zuhörer gegen die eigentliche Botschaft verhärten, indem wir über Streitthemen zanken.

In Fragen des Frömmigkeitsstils
Eine der ersten Fragen, die ich stelle, wenn ich in einer anderen Gemeinde eingeladen werde, ist: „Gibt es etwas, das ich hier nicht darf? Darf ich prophezeien, in Sprachen beten usw., oder lieber nicht?"
In charismatisch geprägten Gemeinden erscheint diese Frage meist unnötig, aber andere Gemeinden zeigen sich oft froh, dass der Punkt angesprochen wurde. Über die Jahre hat sich immer wieder gezeigt, wie wichtig es ist, ganz direkt mit den Verantwortlichen zu kommunizieren und Frömmigkeitsfragen zu klären. Ich habe immer wieder festgestellt, dass auch die traditionellsten Gemeinden nichts gegen den Heiligen Geist haben, vielleicht unterschei-

det sich der Umgang mit dem Thema ein wenig. Wie an so vielen anderen Stellen, gilt es auch hier sensibel und respektvoll mit unserem Gegenüber umzugehen.

In stilistischen Fragen
Manche Gottesdienste und Veranstaltungen erfordern, dass man sich in Kleidung und Sprache anpasst. Natürlich gilt das für die wenigsten Gottesdienste, aber zumindest bei Trauungen und Beerdigungen ist es durchaus angebracht, ordentliche Kleidung zu tragen und sich angemessener Sprache zu bedienen.

10 Predigen mit Mikrofon

In größeren Veranstaltungen oder wenn die gehaltene Predigt aufgenommen wird ist es unerlässlich, mit einem Mikrofon zu predigen. Fällt es einem anfangs etwas schwer, die eigene Stimme über eine Anlage zu hören, so gewöhnt man sich doch relativ schnell daran.
Dieses Kapitel soll uns für den angemessenen Umgang mit dem Mikrofon sensibilisieren.
Am elegantesten ist ein Headset, da es viel Spielraum zum Bewegen und Gestikulieren lässt.
Das Mikro wird wie eine Brille über den Ohren getragen und ist mit einem kleinen Funksender am Gürtel verbunden. Das Kabel wird meist hinten durch die Kleidung gezogen und ist so nicht sichtbar. Der Funksender sendet das Signal zu einem Empfänger, der häufig in der Nähe des Mischpultes zu finden ist.

Sehr ähnlich ist das Krawattenmikrofon (*Lavliermikrofon*), ein kleines Mikro, das meist an Hemd oder Krawatte anzuklemmen ist. Diese Mikrofone finden häufig in Theater- und Filmproduktionen Verwendung. Ein Nachteil dieser Mikrofone ist, dass sie sich mit der Kleidung bewegen und bei raschen Kopfebewegungen unterschiedliche Übertragungsergebnisse erzielen.
Insgesamt würde ich jedem, der sich ein Mikrofon kaufen möchte, ein Headset empfehlen.

In der Praxis finden sich meist die normalen „Keulenmikros". Hier gibt es, je nach Hersteller, die verschiedensten Ausführungen. Grundsätzlich kann man zwischen Kabel- und Funkmikros unterscheiden.
Bei einer Predigt mit Kabel- oder Funkmikro gibt es ein paar Dinge zu bedenken, die es Dir und dem Techniker einfacher machen:
• Das Mikro sollte immer den gleichen Abstand zum Mund haben.
• Bewegungen des Mikros sollten unbedingt vermieden werden. Das gilt gerade, wenn Du das Mikro von der einen in die andere Hand nimmst.

Im Folgenden ein paar Bilder zur potentiellen Fehlhandhabung eines Mikrofons:

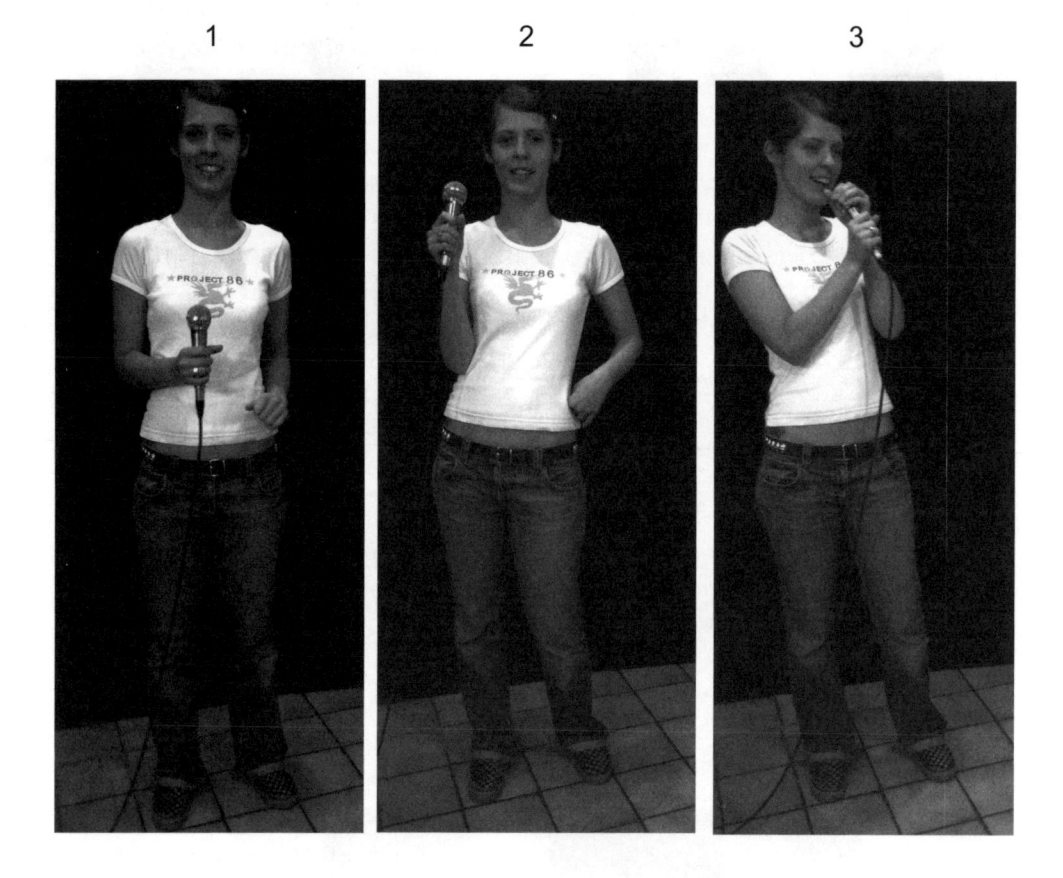

1　　　　　　　　2　　　　　　　　3

(1 Befindet sich das Mikro auf der Höhe von Bauch oder Brust, der Schall hat einen langen Weg zu überbrücken. Der Ton wird sehr leise, bis dahin, dass Teile einfach verloren gehen.
2 Wandert das Mikro beim Sprechen vom Mund weg, nach rechts und links, verhält es sich ebenso.
3 Umfasst man beim Sprechen den Korb des Mikrofons, klingt das Gesprochene eher dumpf.)

Richtige Mikrohaltung:
Das Mikro ist etwa in der Mitte des Mundes und ein kleines Stück von den Lippen entfernt zu halten. In dieser Position sollte es bleiben bis es wieder aus der Hand gelegt wird.

Wird die Predigt von einer Kanzel oder hinter einem Pult gehalten, werden normalerweise Raummikros verwendet (siehe Abbildung). Diese Mikrofone sind sehr sensibel und übertragen alles an Schall, was in einem gewissen Umkreis hervorgerufen wird. Deshalb reicht es, in die grobe Richtung des Mikros zu sprechen. Ein bestimmter Abstand ist hier unwichtig. Doch Vorsicht: Das Mikro überträgt auch jedes Blätterrascheln.

11 Rhetorik

Rhetorik ist die Kunst des Redens. Diese Kunst umfasst im Prinzip alles, was mit einer Rede im Allgemeinen oder einer Predigt im Speziellen zu tun hat. Im folgenden Kapitel stehen die Sprache und ganz speziell die sogenannten rhetorischen Mittel, sprachliche Figuren, im Zentrum.
Zweck der Rhetorik ist es, den Zuhörer zu fesseln. Dadurch, dass die Sprache abwechslungsreich und interessant ist, ermüdet der Zuhörer nicht so schnell, als wenn die Botschaft mit immer gleichen Formulierungen und Betonungen übermittelt wird.

Zunächst noch ein paar Gedanken zur „Predigtethik"[1], zur angemessenen Anwendung rhetorischer Mittel in der Predigt. Vor der Bundeskanzlerwahl im September 2002 lief erstmals das sogenannte „Kanzlerduell" im Fernsehen. Der amtierende Bundeskanzler Gerhard Schröder und sein Herausforderer Edmund Stoiber beantworteten live und unvorbereitet Fragen, die ihnen von verschiedenen Fernsehmoderatoren gestellt wurden.
Einige Tage später analysierte ein Politikexperte das Auftreten und die Medienwirksamkeit der beiden Kontrahenten. Das Bild, das sich ergab, war, dass beide Politiker ihre Auftritte minutiös vorbereitet hatten. Gestik, Sprache und Körperhaltung waren im Vorfeld sorgfältig einstudiert und hinsichtlich der Wirkung optimiert worden.
Ob dieses Bild der Wahrheit entspricht, kann ich nicht sagen, aber die Vorstellung, dass ein Spitzenpolitiker möglichst wenig dem Zufall überlässt und „schauspielerisch" und rhetorisch geschult wird, ist mir nicht fremd.
Und auch das ist Rhetorik: Die Kunst, mit Worten zu überzeugen. Gerade diese Definition der Rhetorik ist für viele faszinierend, zeigt sie doch auf, wie die Macht der Worte dazu benutzt werden kann, über andere Menschen Macht zu gewinnen. Sie kann dazu beitragen andere zu manipulieren, so, dass sie das Gleiche denken wie man selbst. Der Rhetorik-Dozent Holger Münzer meint, dass die Rhetorik beim Zuhörer „eine Meinungsänderung, eine Gesinnungsänderung und eine Tat herbeiführen will"[2]. Eben dies sollte nicht Ziel unserer Predigt sein.
Paulus schreibt in einem berühmten Hendiadyoin (eine Aussage, bei welcher der zweite Teil den ersten erklärt oder präzisiert):
Einer Frau aber gestatte ich das Lehren nicht, auch nicht dass sie über den Mann herrsche" (1. Timotheus 2,12).
Was hier für Frauen ausdrücklich gesagt wird, gilt ebenso auch für Männer: Lehre darf kein Instrument der Machtausübung und Herrschaft werden. Eine Predigt soll nicht manipulieren. Als Prediger sollten wir nicht versuchen, Dinge bei den Menschen zu ändern oder eine Tat herbeizuführen. Gott will das

---

[1] Wie bereits erwähnt ist der Prediger kein Politiker und die Predigt sollte nicht zur Ausübung von Macht und Manipulation missbraucht werden.
[2] Holger Münzer, www.rhetorik-netz.de

selbst tun, sein Instrument ist sein Wort und eine seiner Methoden ist die Predigt. Aber es ist Gott, der letzten Endes der Handelnde, Verändernde und Motivierende ist.

Die unter Evangelisten verbreitete Ansicht, dass wir niemanden bekehren können, sondern dass dies die Aufgabe des Heiligen Geistes ist (Matthäus 16,18) ist zutreffend. Unsere Aufgabe ist es, Gottes Wort möglichst klar zu vermitteln.
Ebenso ist es mit jeder Form der Predigt. Wir befassen uns mit Themen wie Rhetorik und Homiletik, um das, was Gott uns aufs Herz legt, besser und klarer ausdrücken zu können. Unser Ziel ist es nicht, die Zuhörer zu manipulieren. Da in der Praxis die Grenzen zwischen „Gottes Wort klar vermitteln" auf der einen und „Zuhörer in die von mir gewünschte Richtung bringen" auf der anderen Seite verschwimmen, ist es wichtig, dass wir in unseren Herzen verstanden haben, dass nicht wir etwas bei den Menschen ausrichten, sondern Gottes Geist. Andernfalls ist die Gefahr groß, „Heiliger Geist zu spielen" und mit Überredungskunst das zu tun, was Gottes Aufgabe ist.

Und ich war in Schwachheit und mit viel Furcht und Zittern unter euch.
Und meine Rede und meine Predigt bestand nicht in überredenden Worten menschlicher Weisheit, sondern in Beweisung des Geistes und der Kraft,
auf dass euer Glaube nicht auf Menschenweisheit beruhe, sondern auf Gotteskraft (1. Korinther 2,3-5).

Im ersten Teil dieser Übersicht über rhetorische Mittel handelt es sich um die von Jesus in seinen Predigten angewandte Rhetorik. Ich habe diesen Ansatz gewählt um aufzuzeigen, dass es trotz unserer Betrachtungen zur Predigtethik angebracht ist, Predigten rhetorisch anzureichern und interessant zu gestalten, da Jesus sich ebenfalls rhetorischer Mittel bedient hat.
Darüber hinaus ist es theologisch äußerst interessant, diesen Aspekt der Reden Jesu zu betrachten.
In einem zweiten Teil werden weitere rhetorische Mittel aufgezeigt.
Die Namen der einzelnen Stilmittel sind aus dem Lateinischen bzw. dem Griechischen entlehnt. Es ist nicht unbedingt nötig, diese Namen auswendig zu lernen, aber es ist sinnvoll, diese Mittel anwenden zu können.

Rhetorische Mittel in den Predigten Jesu[3]

01_A Forteriori

Ein a Forteriori ist nicht nur ein sprachliches Mittel, sondern ebenfalls eine Form des Arguments, bei der auf eine Feststellung eine zweite folgt, die mit höherer Sicherheit zutrifft als die erste. Eine Vereinfachung dieses rhetorischen Mittels könnte mit folgender Formel dargestellt werden: „Wenn schon ... dann erst recht".

Jesus benutzt diese Form der Rede relativ häufig in seinen Predigten. Dieses Stilmittel eignet sich besonders, um den Charakter Gottes zu illustrieren.

Beispiele:

[1] Matthäus 7,9-11: *Oder ist unter euch ein Mensch, der, wenn sein Sohn ihn um Brot bittet, ihm einen Stein gäbe, oder, wenn er um einen Fisch bittet, er ihm eine Schlange gäbe? Wenn nun ihr, die ihr arg seid, euren Kindern gute Gaben zu geben versteht, wieviel mehr wird euer Vater im Himmel denen Gutes geben, die ihn bitten!*

[2] Matthäus 10,25: *Es ist für den Jünger genug, dass er sei wie sein Meister und der Knecht wie sein Herr. Haben sie den Hausvater Beelzebul geheißen, wieviel mehr seine Hausgenossen!*

02_Fragen

Durch Fragen kann das Publikum in das Predigtgeschehen einbezogen werden. Die Predigt wird dadurch dialogisch. Jesus benutzte Fragen, um seine Jünger zu lehren, aber auch um seine Gegner herauszufordern.

Beispiele:

[1] Markus 8,27-29: *Und Jesus ging samt seinen Jüngern hinaus in die Dörfer bei Cäsarea Philippi; und auf dem Wege fragte er seine Jünger und sprach zu ihnen: Für wen halten mich die Leute? Sie antworteten: Die einen sagen, du seiest Johannes der Täufer; und andere, du seiest Elia; andere aber, du seiest einer der Propheten. Und er fragte sie: Ihr aber, für wen haltet ihr mich? Da antwortete Petrus und sprach zu ihm: Du bist der Christus!*

Durch Jesu Fragen werden sich die Jünger ihrer eigenen Überzeugung bewusst. Eine solche Vorgehensweise ist äußerst einprägsam und effektiv.

[2] Markus 3,1-4: *Und er ging wiederum in die Synagoge. Und es war dort ein Mensch, der hatte eine verdorrte Hand. Und sie lauerten ihm auf, ob*

---

[1] (aus: Robert H. Stein, The Method and Message of Jesus' Teachings. Dies ist keine Übersetzung, sondern eher eine Übersicht, die sehr stark von Stein inspiriert wurde.

er ihn am Sabbat heilen würde, damit sie ihn verklagen könnten. Und er spricht zu dem Menschen, der die verdorrte Hand hatte: Steh auf und tritt in die Mitte! Und er spricht zu ihnen: Darf man am Sabbat Gutes oder Böses tun, das Leben retten oder töten? Sie aber schwiegen.

Durch diese sehr offensiven Fragen fordert Jesus die Pharisäer direkt heraus. Sie können nichts erwidern, das nicht falsch wäre. Ihnen bleibt nichts übrig als zu schweigen und Jesus damit das Feld zu überlassen.

03_Gleichnis

Ein Bild sagt mehr als tausend Worte. Deshalb werden bildhafte Wendungen und kleine Geschichten benutzt, um einen Gedanken für den Zuhörer verständlich und einprägsam zu präsentieren. An eine gute Geschichte erinnert man sich erheblich länger als an eine Predigt. In Jesu Predigten finden sich zahlreiche Gleichnisse, und auch heute fehlen sie selten in guten Predigten. Allerdings ist es für Bibelleser nicht leicht, die Pointe zu verstehen und aus der Geschichte herauszudestillieren, und für Prediger, selbst Geschichtchen zu erfinden, die gute Illustrationen sind.

Beispiele:
[1] Barmherziger Samariter (Lukas 10,30-37).

[2] Zehn Jungfrauen (Matthäus 25,1-13).

04_Ironie

Das Stilmittel der Ironie ist eine Äußerung, die der Meinung des Gegenübers zum Schein zustimmt, eigentlich aber das Gegenteil ausdrückt von dem, was gemeint ist. Gewöhnlich hat Ironie etwas Feinsinniges und Tragisch-Trauriges. Wird Ironie grob, beleidigend und vernichtend, etwa aus einer Bitterkeit heraus, nennt sich dies Zynismus oder Sarkasmus. Alle drei Formen sind im Alltag anzutreffen, aber in der Predigtpraxis mit Vorsicht zu genießen.

Den Aussagen eines Predigers wird meist viel Glauben geschenkt, so dass Ironie nicht immer verstanden wird. Deshalb gilt: Ironie ist vorsichtig einzusetzen und am besten immer noch in der Predigt wieder richtigzustellen, um Missverständnisse zu vermeiden.

In den Predigten Jesu kommt Ironie an manchen Stellen vor, wobei es sicher diskussionswürdig ist, ob es sich tatsächlich um Ironie im heutigen, modernen Sinne handelt.

Beispiel:
[1] Matthäus 16,2-3: *Er aber antwortete und sprach zu ihnen: Am Abend sagt ihr: Es wird schön; denn der Himmel ist rot; und am Morgen: Heute kommt ein Ungewitter; denn der Himmel ist rot und trübe. Ihr Heuchler, das Aussehen des Himmels versteht ihr zu beurteilen, die Zeichen der Zeit aber nicht.*

05_Merksätze
Merksätze sind kleine Spruchweisheiten, die gewöhnlich aus nur einem Satz bestehen und so einprägsam formuliert sind, dass man sie sich gut merken kann. Der Einsatz von Merksätzen ist immer sinnvoll, da sie es dem Zuhörer leicht machen, sich an die Aussagen der Predigt zu erinnern. Von der ursprünglichen Griffigkeit der Merksätze in Jesu Predigten geht durch die Übersetzung leider einiges verloren.

Beispiele:
[1] Matthäus 6,21: *Denn wo dein Schatz ist, da wird auch dein Herz sein.*

[2] Matthäus 26,52: *Da sprach Jesus zu ihm: Stecke dein Schwert an seinen Ort! Denn alle, die das Schwert ergreifen, werden durch das Schwert umkommen.*

06_Metapher
Eine Metapher ist eine rhetorische Figur, die nicht wörtlich zu verstehen ist, sondern deren übertragene Bedeutung gebraucht wird. Zwischen der wörtlichen und der metaphorischen Bedeutung besteht eine Ähnlichkeit.
Der Unterschied zwischen Vergleichen und Metaphern besteht darin, dass der Vergleich explizit ist („das Auge ist *wie* die Lampe des Leibes"), die Metapher aber implizit („das Auge ist des Leibes Lampe").

Beispiele:

[1] Markus 8,15: *Und er gebot ihnen und sprach: Sehet zu, hütet euch vor dem Sauerteig der Pharisäer und vor dem Sauerteig des Herodes!*

[2] Matthäus 5,13: *Ihr seid das Salz der Erde. Wenn aber das Salz fade wird, womit soll es wieder salzig gemacht werden? Es taugt zu nichts mehr, als dass es hinausgeworfen und von den Leuten zertreten werde.*

07_Paradoxie

Paradoxien sind Redewendungen, die dem Zuhörer widersprüchlich erscheinen. Sie geben gewissermassen ein Rätsel auf und „beleidigen" den Verstand. Viele der Paradoxien, die Jesus gebraucht, kommen uns Christen nicht mehr paradox vor. Wir haben uns so sehr an die Denkweise gewöhnt, dass es uns gar nicht mehr auffällt, wie widersinnig viele Lehren Jesu eigentlich dem normalen weltlichen Verstand erscheinen müssen.

Paradoxie ist nicht nur ein rhetorisches Mittel, es ist auch ein ganz „natürlicher" Teil des Reiches Gottes, *denn das Wort vom Kreuz ist eine Torheit denen, die verloren gehen* (1. Korinther 1,18)."

Beispiele:

[1] Markus 8,35: *Denn wer seine Seele retten will, der wird sie verlieren; wer aber seine Seele verliert um meinetwillen und um des Evangeliums willen, der wird sie retten.*

[2] Markus 12,41-44: *Und Jesus setzte sich dem Gotteskasten gegenüber und schaute zu, wie das Volk Geld in den Gotteskasten legte. Und viele Reiche legten viel ein. Und es kam eine arme Witwe, die legte zwei Scherflein ein, das ist ein Heller. Und er rief seine Jünger zu sich und sprach zu ihnen: Wahrlich, ich sage euch, diese arme Witwe hat mehr in den Gotteskasten gelegt als alle, die eingelegt haben. Denn alle haben von ihrem Überfluss eingelegt; diese aber hat von ihrer Armut alles was sie hatte, ihren ganzen Lebensunterhalt, eingelegt.*

08_Übertreibung

Übertreibung ist ein sehr häufiges Stilmittel der semitischen Sprachen, und in den Evangelien finden sich zahlreiche Beispiele. Durch übertriebene Härte rütteln sie auf und zwingen den Zuhörer, einen Standpunkt zu beziehen. Die Übertreibung erscheint in der Form der realistischen Übertreibung und in der Form der unrealistischen Übertreibung.

09_Realistische Übertreibung

Eine realistische Übertreibung kann wörtlich genommen werden, soll generell aber durch überzogene Härte aufrütteln.

Beispiele:

[1] Lukas 14,26: *Wenn jemand zu mir kommt und nicht seinen Vater und die Mutter, Weib und Kinder, Brüder und Schwestern hasst, dazu aber auch seine eigene Seele, der kann nicht mein Jünger sein.* An diesem Bibelvers und ganz besonders an dem Wort hassen zeigt sich die Übertreibung. Eine solche Aussage stünde im Gegensatz zum

Gesamtzusammenhang der Bibel (z.B. Markus 7,9-13 oder Lukas 6,2). Die Parallelstelle im Matthäusevangelium lässt deutlich erkennen, was Jesus ausdrücken wollte:
Matthäus 10,3.7: *Wer Vater oder Mutter mehr liebt als mich, der ist meiner nicht wert; und wer Sohn oder Tochter mehr liebt als mich, der ist meiner nicht wert.*

[2] Matthäus 5,29-30: *Wenn dir aber dein rechtes Auge ein Anstoß zur Sünde wird, so reiß es aus und wirf es von dir. Denn es ist besser für dich, dass eins deiner Glieder verloren gehe, als dass dein ganzer Leib in die Hölle geworfen werde. Und wenn deine rechte Hand für dich ein Anstoß zur Sünde wird, so haue sie ab und wirf sie von dir. Denn es ist besser für dich, dass eins deiner Glieder verloren gehe, als dass dein ganzer Leib in die Hölle geworfen werde.*
Hier verdeutlicht Jesus, wie wichtig es ist, sich von Dingen zu trennen, die die Nachfolge behindern. Alles, was uns zur Sünde verleitet, soll aus unseren Leben weichen! Auf keinen Fall kann es darum gehen, sich selbst zu verstümmeln. Jesu Worte waren ein Beförderungsmittel seiner Botschaft und dienten ihm nicht zum Selbstzweck.

10_Unrealistische Übertreibung

Die unrealistische Übertreibung ist so überzogen, dass sie nicht wörtlich genommen werden kann. Solche unrealistischen Übertreibungen können den Zweck verfolgen, Dinge zu verdeutlichen, und darüber hinaus ungeheuer unterhaltsam sein, wenn sie richtig eingesetzt werden.

Beispiele:
[1] Matthäus 23,23-24: *Wehe euch, Schriftgelehrte und Pharisäer, ihr Heuchler, dass ihr die Minze und den Anis und den Kümmel verzehntet und das Wichtigere im Gesetz vernachlässiget, nämlich das Gericht und das Erbarmen und den Glauben! Dies sollte man tun und jenes nicht lassen. Ihr blinden Führer, die ihr Mücken seihet und Kamele verschlucket!*
Es ist unmöglich ein Kamel zu verschlucken und somit handelt es sich um eine unrealistische Übertreibung. „Mücken seihen" könnte eine Anspielung darauf sein, dass mancher Pharisäer sein Getränk erst durch ein Tuch siebte, um sichzustellen, dass er nicht vielleicht eine Mücke (laut 3. Mose 11,4 das Kleinste der unreinen Tiere) verschlucken würde und damit das Gesetz bräche.

[2] Matthäus 6,2-4: *Wenn du nun Almosen gibst, sollst du es nicht vor dir her posaunen lassen, wie die Heuchler in den Synagogen und auf den Gassen tun, um von den Leuten gepriesen zu werden.*
Selbst die heuchlerischsten Pharisäer ließen keinen Herold verkünden,

was sie gespendet hatten. Hier wird eine unrealistische Übertreibung benutzt, um auf ein Fehlverhalten aufmerksam zu machen.

11_Vergleich

Vergleiche illustrieren einen Sachverhalt, und erhöhen die Anschaulichkeit und Wirksamkeit eines Gedankens. Sie sind meist recht kurz gefasst.

Beispiele:

[1] Matthäus 10,16: *Siehe, ich sende euch wie Schafe mitten unter die Wölfe. Darum seid klug wie die Schlangen und ohne Falsch wie die Tauben!*

[2] Matthäus 12,40: *Denn gleichwie Jona drei Tage und drei Nächte im Bauche des Riesenfisches war, also wird des Menschen Sohn drei Tage und drei Nächte im Schoße der Erde sein.*

12_Wortspiel

In Wortspielen werden ähnlich klingende Worte, oder mehrmals das gleiche Wort, das in einem anderen Zusammenhang etwas anderes aussagt, benutzt. Solche Wortspiele sind oftmals sehr unterhaltsam, gehen allerdings häufig in der Übersetzung verloren. An manchen Stellen lässt sich das Wortspiel erst bei einem Blick in den Urtext entdecken.

Beispiel:

[1] Matthäus 16,18: *Und ich sage dir auch: Du bist Petrus, und auf diesen Felsen will ich meine Gemeinde bauen, und die Pforten der Hölle sollen sie nicht überwältigen.*
Im Griechischen ist hier ein Wortspiel mit dem Namen Petrus. *Petros* bedeutet kleiner Stein und der Felsen *petra*. Gemeint ist hier nicht, dass Petrus der Grund der Gemeinde ist, denn das ist Jesus. Der kleine Stein verkündet Worte mit der Macht eines Felsblockes.

Weitere rhetorische Mittel

Manche Rhetorikexperten unterscheiden bis zu 300 verschiedene Stilmittel. Aus dieser Fülle stelle ich lediglich diejenigen vor, die mir am gebräuchlichsten erscheinen. Am Ende dieses Kapitels wird auf einige Websites verwiesen, die weitere Informationen geben. Die gewählten Beispiele sind alltäglich und demnach nicht immer biblischen Ursprungs

13_Akronym
Ein Akronym ist ein aus den Anfangsbuchstaben mehrer Wörter gebildetes, nicht immer sinnvolles Wort. Diese Redefigur eignet sich (wie die Alliteration) sehr gut für Gliederungen.

Beispiel:
JAGED – Jüngerschaft, Anbetung, Gemeinschaft, Evangelisation, Dienst.

14_Alliteration
Verschiedene Worte eines Satzes beginnen mit dem gleichen Buchstaben. Alliterationen sind besonders nützlich, wenn eine Predigt verschiedene Punkte hat und es dem Zuhörer durch Alliterationen leichter gemacht wird, sich die Punkte einzuprägen. Alliterationen sind besonders im englischen Sprachgebiet beliebt.

Beispiel:
Milch macht müde Männer munter.

15_Anadiplose
Bei einer Anadiplose wird das letzte Wort oder die letzte Wortgruppe des vorhergehenden Satzes am Anfang des folgenden Satzes wiederholt. Das Gesagte klingt aufgrund der Wiederholung logisch.

Beispiel:
Mit dem Schiffe spielen Wind und Wellen / Wind und Wellen spielen mit seinem Herzen (Goethe).

16_Anapher
Eine Anapher ist ein Wort oder eine ganze Phrase, die jeweils am Anfang von aufeinanderfolgenden Sätzen wiederholt wird. Durch diese Wiederholung kann sich das Gesagte besser einprägen.

Beispiel:
Jesus Christus ist der Weg. Jesus Christus ist die Wahrheit. Jesus Christus ist der einzige Weg zu Gott (nach Johannes 4,16).

17_Anspielung
Ein versteckter Hinweis auf einen Zusammenhang oder eine Person. Dabei ist es natürlich wichtig, dass ein Teil des Publikums diese Anspielung versteht. Anspielungen können bei den Zuhörern das Gefühl erwecken, mit dem Prediger unter einer Decke zu stecken. Man hat ein Wissen, das man teilt und über das man nicht reden muss. Der Nachteil ist natürlich, dass andere, die dieses Wissen nicht haben, sich ausgeschlossen fühlen können.

Beispiel:
... ihr wisst ja, wie der Paulus ist. Manchmal ist es ziemlich schwer zu verstehen, was er eigentlich meint (nach 1. Petrus 3,16).

18_Antiklimax
Der Antiklimax ist das Gegenteil des Klimax: statt sich zu steigern werden aufeinanderfolgende Worte immer schwächer. So entsteht oft der Eindruck eines „understatement".

Beispiel:
Zum letzten Gottesdienst kam eine riesige Menschenmenge. Vielleicht so um die hundert oder fünfzig. Na ja, ein paar waren schon da.

19_Antistrophe
Eine Antistrophe ist eine Gegenstrophe mit parallelem Aufbau. Dies bedeutet, dass eine Phrase in anderer Form wiederholt wird. So entsteht das Gefühl von Zusammengehörigkeit. Die Predigt ist nicht nur eine Ansammlung von Einzelteilen, sondern wird logisch zusammengehalten.

Beispiel:
... der Meister des Sklaven
... der Sklave des Meisters

20_Antithese
Durch Antithesen lassen sich Erklärungen bereichern. Die Gegenüberstellung oder der Kontrast von Ideen oder Wörtern hilft zu verstehen, worum es sich handelt bzw. nicht handelt.

Beispiel:
Amos 5,18: *Was soll euch der Tag des Herrn? Er wird finster sein und nicht Licht.*

21_Aporia
Der Sprecher bringt einen Zweifel zum Ausdruck und scheint nicht zu wissen, was er sagen oder tun soll. Dieses Stilmittel ist besonders an den Stellen nützlich, an welchen das Publikum genau weiß, was zu tun oder zu denken ist. Richtig eingesetzt, kann es den Zuhörer schon fast wütend machen. Er will ausrufen: „Das ist doch ganz klar!". Am Ende wird diese Spannung natürlich aufgelöst, indem der Prediger das Richtige tut.

22_Aposiopesis
Eine rhetorische Figur, bei welcher ein Satz plötzlich unterbrochen wird und unvollendet bleibt. Die Aposiopesis weckt die Aufmerksamkeit des Hörers.

Beispiel:
Und als Jesus das hörte, begann er zu weinen, denn Lazarus ...

23_Apostroph
Wendet sich der Prediger plötzlich vom Publikum ab, um entweder eine bestimmte Person oder eine abstrakte, nicht notwendigerweise anwesende, Persönlichkeit anzusprechen, so nennt man dies ein Apostroph.

Beispiel:
„Fragen wir doch einfach mal Petrus, was er hier gemeint hat. Petrus, was willst Du uns hier eigentlich sagen?"

24_Archaismus
Den Gebrauch altertümlicher Sprachformen nennt man Archaismus. Das kann sehr lustig sein und würzt eine Predigt ungemein. Gerade wenn man eine alte Bibel benutzt, sollte man um solche Worte nicht verlegen sein. Allerdings empfiehlt es sich, diese Worte nachher zu erklären, wenn sie nicht selbsterklärend sind.

Beispiel:
Sintemal oder weiland.

25_Aufzählung
Wenn mehrere Punkte in einer Predigt nicht sprachlich verbunden sondern einfach hintereinander genannt werden, spricht man von einer Aufzählung. Dabei ist es egal, ob die Aufzählung mit Zahlen (1.,2.,3.) oder mit Buchstaben (Punkt A, Punkt B, Punkt C) oder gar nicht eingeleitet wird.

Beispiel:
Petrus war 1. traurig, 2. beschämt und 3. am Boden.

26_Beispiel
Ein Beispiel ist kürzer als eine Geschichte oder ein Gleichnis, aber länger als ein Vergleich oder eine Metapher. Es illustriert eine Aussage, wird also herangezogen, um einen abstrakten Zusammenhang klarzustellen und zu vereinfachen.

Beispiel:
Gestern war das beispielsweise so ...

27_Chiasmus
Der Chiasmus (Kreuzstellung) ist eine rhetorische Figur, bei der Satzglieder (Subjekt, Prädikat, Objekt) nach dem Schema ABC-CBA kreuzweise entgegengesetzt in ansonsten parallelen (Teil-)Sätzen angeordnet werden.
Die Bezeichnung geht auf das Bild des griechischen Buchstaben Chi (X) zurück.

Beispiel:
Die Welt ist groß, klein ist der Verstand.

28_Direkte Rede

Beim Geschichtenerzählen wirkt es belebend, direkte Rede zu verwenden. Ein Dialog wird so wiedergegeben, wie er stattgefunden hat oder stattgefunden haben könnte. Direkte Rede kann mit Dialekten gewürzt werden und somit sehr unterhaltsam sein.

Beispiel:
Jesus sagte zu ihnen: „Ihr müsst Glauben an Gott haben" (Markus 11,22).

29_Ellipse

Unter einer Ellipse versteht man eine verkürzte Satzkonstruktion, bei welcher etwas ausgelassen oder ausgespart wird.

Beispiel:
Was (geschieht) nun?

30_Euphemismus

Ein Euphemismus ist eine Beschönigung. Ein unangenehmer Ausdruck wird durch einen weniger verletzenden ersetzt. Diese Figur taucht besonders in politischen Reden und der Militärsprache auf. Oft sind Euphemismen nur ein Wort, manchmal aber auch eine ganze Wendung.

Beispiel:
von uns gehen (= sterben)

31_Inversion

Die Umstellung von Satzgliedern, die vom normalen Sprachgebrauch abweicht und so akzentuierend wirkt, nennt man Inversion.

Beispiel:
Unendlich ist die Güte Gottes.

32_Klimax

Ein Klimax ist das Anordnen von Worten oder Sätzen in anschwellender Stärke. Dadurch wird eine Spannung aufgebaut. Oft wird das letzte betonte Wort im nächsten Satz wiederholt.

Beispiel:
Ich weise noch einmal darauf hin, dass es viel, zu viel, ja allzuviel verlangt wäre, sich alle deutschen, lateinischen und sogar griechischen Namen zu merken.

33_Litotes
Die Litotes ist eine Untertreibung und Abschwächung des eigentlich zu sagenden.

Beispiel:
Eine Atombombe kann Dir den ganzen Tag verderben.

34_Neologismus
Die kreativste rhetorische Figur ist der Neologismus, bei welchem neue Wörter geschaffen werden.

Beispiel:
jesusmäßig.

35_Onomatopoeia
Bei der bildlichen Ausdrucksweise der Onomatopoeia, der Lautmalerei, werden Klänge und Geräusche mit Wörtern wiedergegeben. Besonders zu empfehlen ist dieses Mittel für die Narration.

Beispiel:
Auf einmal – Wusch! Prassel! Flamm! – steht Mose vor einem brennenden Dornbusch!

36_Oxymoron
Die enge Verbindung von zwei sich widersprechenden Aussagen nennt man Oxymoron.

Beispiel:
Alter Junge!

37_Personifikation
Die Vermenschlichung einer unpersönlichen Sache ist eine Personifikation.

Beispiel:
Und da denkt sich die Eselin: „Besser ich sach Bileam jetzt mal, dass da ein Engel ist."

38_Pleonasmus
Bei einem Pleonasmus wird innerhalb einer Wortgruppe eine bestimmte Bedeutung auf unterschiedliche Weise zum Ausdruck gebracht.

Beispiel:
die erste weibliche Bundeskanzlerin.

39_Syllogismus
Ein Syllogismus ist ein logischer Dreisatz, bei welchem zwei Aussagen zu einer neuen Aussage verbunden werden.

Beispiel:
Alle Menschen sind sterblich. Alle Römer sind Menschen. Alle Römer sind sterblich.

40_Tautologie
Die Häufung gleichbedeutender Wörter derselben Wortart nennt man Tautologie.

Beispiel:
Ich selbst persönlich.

41_Vorgriff
Ein möglicher Einwand wird vorweggenommen.

Beispiel:
Natürlich kann man dagegen Folgendes sagen ... , aber ....

42_Zitat
Ein Satz oder ein längerer Textabschnitt eines anderen Autoren wird wörtlich wiedergegeben. Dabei ist es nebensächlich, ob aus dem Gedächtnis zitiert wird, oder etwas vorgelesen wird. Maßgeblich ist, dass der Text richtig wiedergegeben wird.
Für Prediger ist das Zitat eine wichtige rhetorische Form, denn im Idealfall zitieren wir in jeder Predigt die Bibel.

Beispiel:
In Markus 5,13 steht: „Und er erlaubte es ihnen."

Register der gelernten rhetorischen Figuren
Alle Formen, die oben beschrieben sind, noch einmal im Überblick. (Zahlen am Ende sind Seitenzahlen.)

A Forteriori_01	38	Ironie_04	39
Akronym_13	44	Klimax_32	48
Alliteration_14	44	Litotes_33	49
Anadiplosis_15	44	Merksätze_05	40
Anapher_16	44	Metapher_06	40
Anspielung_17	45	Neologismus_34	49
Antiklimax_18	45	Onomatopoeia_35	49
Antistrophe_19	45	Oxymoron_36	49
Antithese_20	46	Paradoxie_07	41
Aporia_21	46	Personifikation_37	50
Aposiopesis_22	46	Pleonasmus_38	50
Apostroph_23	47	Realistische Übertreibung_09	41
Archaismus_24	47	Syllogismus_39	50
Aufzählung_25	47	Tautologie_40	50
Beispiel_26	47	Übertreibung_08	41
Chiasmus_27	47	Unrealistische Übertreibung_10	42
Direkte Rede_28	48	Vergleich_11	43
Ellipse_29	48	Vorgriff_41	50
Euphemismus _30	48	Wortspiel_12	43
Fragen_02	38	Zitat_42	51
Gleichnis_03	39		
Inversion_31	48		

✏ Aufgabe

Höre Dir Aufnahmen Deiner eigenen Predigten an und achte darauf, welche rhetorischen Mittel Du verwendest. Im Internet www.francke-buch.de findest Du ein Arbeitsblatt, das Du dafür verwenden kannst.

Achte auf die Häufigkeit der verwendeten Mittel. Benutzt Du eines zu häufig, dann versuche, diese Häufung bei der nächsten Predigt zu vermeiden. Mache Dich mit den anderen sprachlichen Mitteln vertraut und übe sie ein.

Mit der Zeit wirst Du feststellen, dass Deine sprachlichen Möglichkeiten größer werden, so dass Du irgendwann intuitiv aus der Fülle schöpfen kannst.

Einige empfehlenswerte Links zum Thema Rhetorik:

- http://www.komma-net.de/rb/startk.asp – Der Redenberater. Hier gibt es viele Zitate und Anekdoten zum Thema „Reden halten". Überdies auch sehr praktische Expertentipps zu Themen wie „Wie geht man mit Zwischenrufen um?", „Was mache ich, wenn jemand Gegenfragen stellt?" usw.

- http://www.rhetorik-netz.de – Die Seite des Berliner Rhetorikers Holger Münzer. Die Seite bietet Informationen zu vielen Bereichen der Rhetorik, nicht zuletzt zu ihrer Geschichte. Außerdem findest Du hier einige Redebeispiele berühmter Redner.

- http://www.rhetorik-homepage.de – Ein Rhetorik-Lehrbuch.

- http://www.rhetorik.ch/Figuren/Figuren.html – Eine Aufstellung von 56 rhetorischen Mitteln, die Deinen Sprachschatz erweitern werden.

12 Das Wesen der Kommunikation

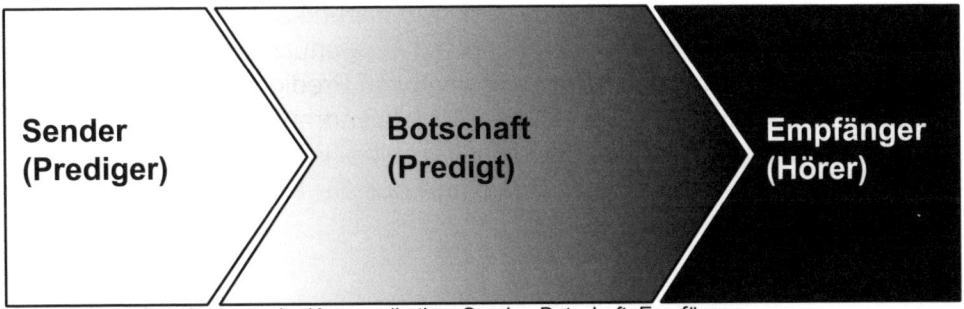

Vereinfachtes Grundschema der Kommunikation: Sender, Botschaft, Empfänger

Dies ist zunächst einmal das einfachste Kommunikationsmodell, wie man es auch in der Schule lernt.
Der Sender sendet eine Botschaft, der Prediger predigt. Diese Predigt wird vom Empfänger aufgenommen und interpretiert. An dieser Stelle wird es nun spannend.
Wer kennt das nicht, nach einer liebevollen Gnadenpredigt wird man am Ende des Gottesdienstes angesprochen, dass die Predigt ja sehr geistlich gewesen sei. Wie kommt es zu solchen Missverständnissen?

Die Quadratur der Nachricht
Um den Quellen solcher Missverständnisse auf die Spur zu kommen, müssen wir unser Grundschema etwas erweitern. Im Folgenden beziehe ich mich auf das Kommunikationsmodell von Schulz von Thun[1].

Schulz von Thun geht davon aus, dass die Botschaft einem komplexen Gebilde, mit verbalen und nonverbalen Anteilen entspricht. Damit sagt er mehr aus, als wir auf der sachlichen Ebene aussagen wollten.
Eine Nachricht setzt sich aus vier unterschiedlichen Bestandteilen zusammen:

Dem Sachinhaltsaspekt: Das, was wir *inhaltlich* sagen wollen.
Dem Appellaspekt: Das, was wir wollen, was die Zuhörer *tun sollen*.
Dem Selbstoffenbarungsaspekt: Das, was wir zwischen den Zeilen über *uns selbst* mitteilen.
Dem Beziehungsaspekt: Das, was wir über unsere Beziehung zum Predigthörer sagen.

---

[1] Friedemann Schulz von Thun, Miteinander reden, Reinbek 1981.

Es ergibt sich gewissermaßen die „Quadratur der Nachricht":

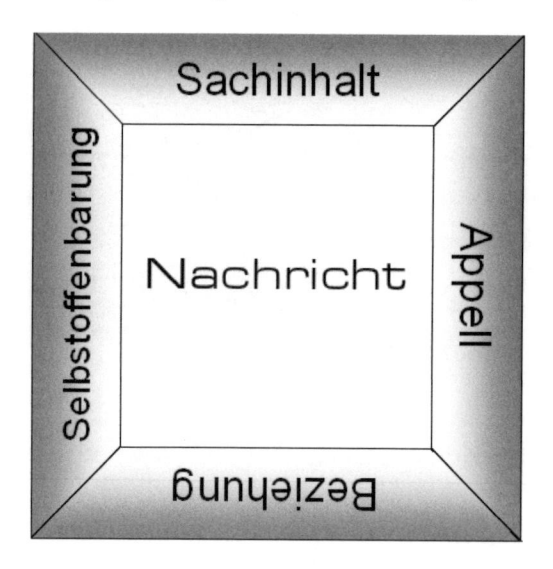

```
           Sachinhalt
    ┌─────────────────────┐
    │                     │
Selbstoffenbarung  Nachricht  Appell
    │                     │
    └─────────────────────┘
           Beziehung
```

Beispiel:
Halten wir eine evangelistische Predigt, geht es um die Sache des Evangeliums, um Himmel und Hölle, Gottes Liebe, Jesu Opfertod usw. Eigentlich eine Botschaft, gegen die niemand etwas haben kann. Denken wir! Allerdings schwingen zwischen den Zeilen noch andere Aspekte der Nachricht mit, die den Zuhörer mitunter abschrecken können.
Auf der *Sachebene* sollte es normalerweise nicht zu Problemen kommen, da dieser Aspekt von Dir gut vorbereitet werden sollte. Viele Predigtlehrbücher beschäftigen sich damit, wie eine Predigt gegliedert werden kann, um möglichst verständlich zu kommunizieren. Hörten Predigthörer nur auf dem Sachohr, wäre Predigen kein großes Problem. Leider ist der Empfänger aber „vierohrig" und hat im Prinzip die Entscheidung, mit welchem seiner Ohren er hört.
Auf der *Selbstoffenbarungsebene* senden wir ständig Informationen über uns, nicht nur in den eigenen Zeugnissen, die wir erzählen. Unsere Kleidung, Gestik, Mimik und Redeweise offenbart viel mehr über uns, als uns manchmal bewusst ist. Vielleicht kommt Dir folgendes Beispiel bekannt vor: Ein Prediger spricht über Freude, und sein knittriger grauer Anzug, seine gebeugte Haltung, die erloschenen Augen und die einschläfernde Stimme vermitteln das genaue Gegenteil seiner Worte. Man merkt einfach, dass da was nicht stimmt. Diese nonverbalen Botschaften rufen so laut, dass der theologisch einwandfreie Sachaspekt nicht zur Entfaltung kommt.
Ebenso störend kann sich der *Beziehungsaspekt* auswirken. Ständiges Dozieren und Phrasen wie: „Das führt jetzt zu weit, das könnt ihr noch nicht verstehen", bauen Mauern auf, über die keine Predigt mehr springen kann. Fühlt sich der Zuhörer nicht ernst genommen, hört er nicht aufmerksam zu. Das war ja gerade das Geheimnis Jesu und der Grund, warum er immer von vie-

len Sündern umgeben war: Er liebte diese Menschen, und das merkten sie. Um auf der Selbstoffenbarungs- und der Beziehungsebene keine Hindernisse aufzubauen, schult Gott unseren Charakter (siehe 5).

Der *Appellaspekt* sagt etwas darüber aus, was wir vom Hörer wollen. Predigten motivieren charakterliche Veränderungen und Entscheidungen. Leider gehen wir mit dem Appellaspekt aber oft sehr manipulativ um und instrumentalisieren andere Aspekte der Predigtnachricht, um die Appelle hervorzuheben, was man vom Zuhörer will, um ihm so eine echte Möglichkeit zu geben, sich für oder gegen eine Handlungsweise zu entscheiden.

Alle Bereiche zu beachten ist nicht leicht und erfordert viel Übung. Es ist daher eine große Hilfe, Predigten gelegentlich nachzubesprechen und ein detailliertes Feedback zu bekommen, wie man auf die Zuhörer wirkt.

Analoge und digitale Signale

Die Signale, die wir senden, lassen sich in *digital* und *analog* unterteilen. Digital nennt man überwiegend verbale Signale, also das, was wir sagen, während die nonverbalen, also nicht-sprachlichen Signale analog genannt werden.

In jeder Predigt, wie auch generell bei jeder Kommunikation, senden wir sowohl analoge als auch digitale Signale aus. Es ist wichtig, dass wir uns dessen bewusst werden und lernen, mit beiden Ebenen zu arbeiten, statt uns ausschließlich auf die sprachlichen Aspekte zu konzentrieren. Schriftsteller können sich alleine auf ihre Worte konzentrieren, weil ihre Leser sie in der Regel nicht live erleben, aber bei uns Predigern ist das anders.

Während die digitalen Signale das sind, was wir sagen wollen, also die Information, geben die analogen Signale sozusagen Informationen über die Information. Hier geht es um Elemente wie Körpersprache, Haltung und Tonfall. Häufig kann erst dann, wenn die analogen Bestandteile der Nachricht ausgewertet werden, erkannt werden, wie das Gesagte gemeint ist. Ob ein Satz als ärgerlich, lustig, ironisch oder zynisch verstanden wird, entscheidet sich in erster Linie durch analoge Signale. Analog senden wir, um im Modell Schulz von Thuns zu bleiben, Informationen über den Beziehungs- und den Selbstoffenbarungsaspsekt, weshalb Verena Birkenbihl vom Inhalts- und vom Beziehungsaspekt spricht[2].

Stimmen analoge und digitale Signale nicht überein, wie im Beispiel des Predigers, der sauertöpfisch über Freude predigt, wird dem gesprochenen Anteil der Predigt in aller Regel nicht viel Vertrauen geschenkt. Man spricht von einem „psychologischen Nebel". Stimmen beide Anteile überein, wird eine Predigt als glaubwürdig wahrgenommen.

Sind die Inhaltsebene (digital) und Beziehungsebene (analog) deckungsgleich, stellt sich der Kommunikation kein zusätzliches Problem in den Weg.

Inhalt überwiegend Worte (digital)

BEZIEHUNG
überwiegend nonverbal (analog)
Körpersprache, Tonfall, Gestik, etc.

Senden wir auf beiden Ebenen widersprüchliche Signale, wird die Botschaft, vom psychologischen Nebel verschluckt.

Inhalt

BEZIEHUNG
Überwiegend nonverbal (analog)
Körpersprache, Tonfall, Gestik, etc.

---

[2] Verena Birkenbihl: Signale des Körpers, München 2002 (16.Auflage)

Was macht die Wirkung eines Predigers/einer Predigerin aus?

Sehen wir noch einmal näher hin, was den analogen Anteil der Nachricht ausmacht. Im Prinzip gehört all das, was man an einem Prediger bemerken kann und was über das reine gesprochene Wort hinausgeht in diesen Bereich. Vielleicht hilft folgende Zeichnung, sich die „fünf analogen Anteile" zu verdeutlichen.

Äußerlichkeiten

Auf den Bereich der Äußerlichkeiten möchte ich nicht detailliert eingehen, da es eigentlich keinen expliziten „Dresscode" für PredigerInnen gibt. Das ist natürlich nicht die ganze Wahrheit, denn zu bestimmten Gelegenheiten, etwa bei Hochzeiten und Beerdigungen (also den Kasualien) ist eine bestimmte eher förmliche Kleidung angeraten. Im Prinzip gilt das für alle Gelegenheiten, da uns bewusst sein sollte, welche Bedeutung Kleidung zukommt. Ob wir jemanden für abgedreht, arrogant oder langweilig halten, wird in uns oft schon festgelegt, bevor ein Prediger auch nur die Möglichkeit hatte, andere Signale, seien diese analog oder digital, zu senden.

Demnach sollte Deine Kleidung angemessen sein. Was angemessen ist, entscheidet der jeweilige Anlass.

Mimik

Den Bereich der nonverbalen Ausdrucksmöglichkeiten des Gesichtes bezeichnen wir mit Mimik. Mimik ist also sowohl der Augenkontakt, als auch das Rümpfen der Nase oder ein Lächeln. Das Gesicht verfügt über eine Vielzahl an Muskeln und Ausdrucksmöglichkeiten, die die Wirkung des Gesagten unterstreichen oder durchstreichen können.

Vielfach hat die Mimik auch Auswirkungen auf die Sprache, insbesondere den Tonfall. Lächeln wirkt sich z.B. sehr stark auf die Stimme aus, die dann „mitlächelt" und freundlicher klingt.

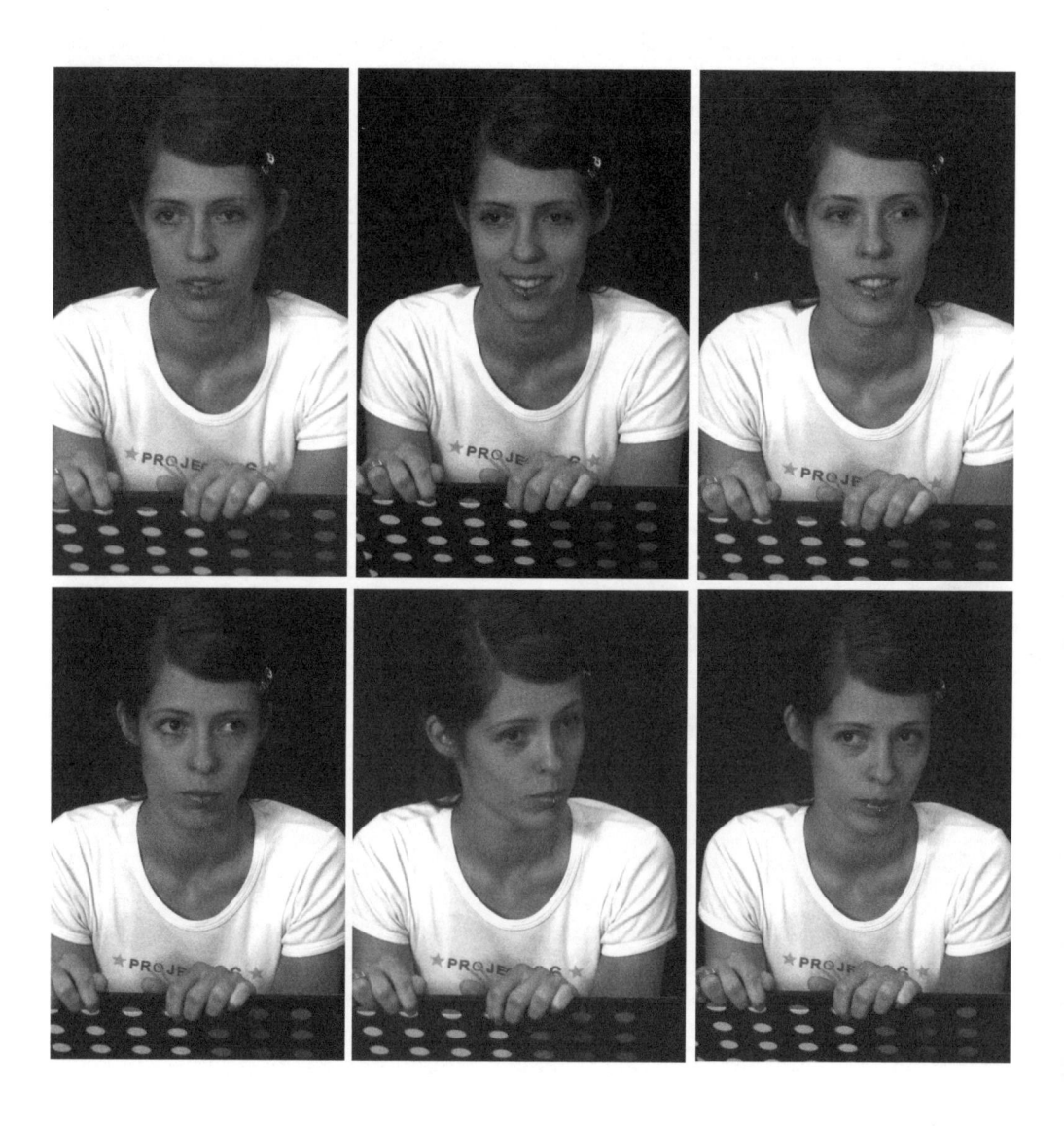

Eine sehr wichtige Rolle bei der Mimik spielen die Augen. Ein Prediger, der während der Predigt ausschließlich auf sein Manuskript schaut, wirkt unsicher und hat Probleme, einen Kontakt zum Publikum herzustellen. Deshalb ist es gut, immer wieder ins Publikum zu schauen. Das kann natürlich für einen Prediger auch verwirrend sein: Schaut einer der Zuhörer verärgert, ungläubig oder einfach nur nachdenklich, kann dies einen Prediger schon aus dem Konzept bringen. In diesem Fall empfehlen sich zwei Tricks: Bei großen Versammlungen (ab 100) kann man sich einen Punkt über der letzten Reihe suchen und diesen fixieren. Es wird keinem Zuhörer auffallen, dass man keinen Menschen ansieht, sondern einen Punkt. Bei kleinen Versammlungen fällt dieser Trick jedoch auf. Hier empfiehlt es sich, ein bis zwei Personen im Raum zu haben, die einem wohlgesonnen sind und zu denen man den Blick immer wieder schweifen lassen kann.

(Blick aufs Manuskript)   (Blickkontakt)

Gestik

Mit Gestik bezeichnen wir den Einsatz unserer Hände. Sie sind das wichtigste Mittel nonverbaler Kommunikation überhaupt, und es empfiehlt sich sehr, sie unter Kontrolle zu haben und zu wissen, wie sie unterstützend eingesetzt werden können.

Unsere Gestik kann Nervosität zum Ausdruck bringen und fast jeder ungeübte Redner hat einen nervösen Tick mit den Händen. Beispielsweise rücken Brillenträger oft an ihrer Brille herum, die scheinbar dauernd den Nasenrücken herunterrutscht. Wer keine Brille hat, fährt sich durch die Haare, reibt sich die Hände oder steckt sie im steten Wechsel in die Taschen und zieht sie wieder heraus.

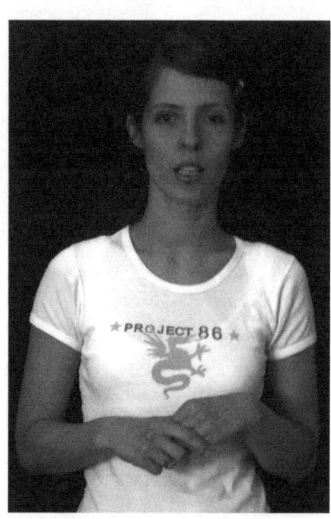

Um Dir bewusst zu machen, welchen nervösen Tick Du hast, empfiehlt es sich, eigene Videos anzusehen oder jemanden zu fragen, der Dich öfter predigen sieht. Hast Du erkannt worin Deine Schwäche liegt, kannst Du daran arbeiten.

Gestik kann bewusst eingesetzt werden, um das Gesagte zu verdeutlichen. Dazu ein paar Beispiele:
- Unterstreichende Handbewegungen können die Wichtigkeit einer Aussage unterstützen.
- In emotionalen Momenten einer Predigt kann man mit der Faust auf das Rednerpult schlagen.
- Einzelne Punkte können mit einer erhobenen Hand mitgezählt werden.

Gestik kann, ebenso wie Äußerlichkeiten, unterschiedlich bewertet werden. Umso wichtiger ist es, dass Du Deine eigene Gestik kennenlernst und so ausbaust, wie es Dir gefällt oder wie Du meinst, dass es zu Deinen Predigten passt. In der klassischen Rhetorik, wie sie heute noch von vielen Politikern verwendet wird, gibt es für alle möglichen Themen und Gelegenheiten standardisierte Gesten. Unter dem Einfluss von Lehrern und anderen nicht-klassischen Rednern hat sich das immer weiter aufgeweicht. Heute sind nicht mal mehr die großen Verbote verbindlich.

Körpersprache hat sehr viel mit der Voreinstellung und Prägung des Beobachters zu tun. Beinahe jede Geste, Haltung und Mimik kann unterschiedlich aufgefasst und interpretiert werden, so dass die Kommunikation erschwert wird.

Häufig entsteht bei dem Zuhörer ein Mix mehrerer nonverbaler Signale. Verschränkte Arme können zum Beispiel abwartend wirken. In Verbindung mit hochgezogenen Schultern und einer in Falten gelegten Stirn (Mimik) wirken sie aber eher unsicher und verteidigend. Das ist eine gute Kombination, um ein „ich weiß es nicht" zu unterstreichen.

Haltung

Mit Haltung wird vornehmlich die Stellung der Beine bezeichnet. Läuft ein Prediger umher, steht er auf beiden Beinen oder wippt er von einem Bein auf das andere, so beschreibt dies die Haltung.

Vielfach haben die Räumlichkeiten (Bühne, Podest etc.) in oder auf denen wir predigen, einen Einfluss auf die Haltung, die möglich ist. Steht man vor einem Pult und das Mikrofon ist fest installiert, ist der Bewegungshorizont deutlich eingeschränkt. Mit einem Funkmikro bleibt die Möglichkeit, sich im Saal zu bewegen.

Auch bezüglich dieser Frage gibt es unterschiedliche Ansichten. Empfindet der eine PredigerInnen, die herumlaufen, als Zumutung, da es „unruhig" wirkt, so hilft es anderen, sich zu konzentrieren, wenn das Auge einem bewegten Ziel folgen muss.

Meiner subjetkiven Meinung nach ist mehr Bewegung besser als weniger, Wenn auf der Bühne „etwas los ist" konzentriert sich das Publikum in der Regel besser, als wenn der Redner nur dasteht.

Redner ändern häufig unbewusst ihre Haltung; bei der „Gewichtsverlagerung", indem das Gewicht von einem Bein auf das andere verlagert wird, oder ein Bein leicht angewinkelt wird usw.

Ein Pult oder eine Kanzel verändern die Körpersprache erheblich. Handelt es sich um ein geschlossenes Pult, so versperrt es den Blick auf den größten Teil des Körpers des Predigers oder der Predigerin. Andererseits bietet es auch völlig neue Möglichkeiten der Körpersprache, indem man sich darauf stützt, darauf schlägt oder Ähnliches.

Sprache
Auch unserer Sprache enthält nonverbale Aspekte (auch wenn das zunächst paradox klingt). Elemente wie Tonfall, Akzent, Sprachmelodie und Betonung sind hier ausschlaggebend. Auf Dauer ist weniges so langweilig wie eine Predigt, deren Sprache monoton ist. Abwechslung schafft Gefallen, das gilt gerade für die Sprache. Dynamische Prediger sind solche, die mit ihrer Stimme viel variieren können.
Der Wechsel zwischen laut und leise, eindringlichem und lapidarem Tonfall ist wichtig. Beim lauten Sprechen ist es wichtig, dass sich gerade in unserem Kulturkreis niemand gerne anschreien lässt. Lautes Sprechen kann andererseits auch einfach nachdrücklich wirken. Auch Flüstern kann sehr effektiv eingesetzt werden, gerade wenn man ins Mikro flüstert. Flüstern kann Spannungen aufbauen und dazu führen, dass ein lautes Publikum leise wird, um das geflüsterte Wort verstehen zu können. Wer allerdings ohne Mikro flüstert, wird leicht überhört.
Ob etwas ernst oder heiter gemeint ist, erkennt man oft erst am Tonfall; nicht umsonst sagt der Volksmund: „Der Ton macht die Musik."
In die Abteilung Sprache fallen auch nachgeahmte Akzente, verteilte Rollen beim Nacherzählen oder effektvolles Schweigen.

✏️ Übung

Bestimme, ob es sich um Äußerlichkeiten (Ä), Mimik (M), Gestik (G), Haltung (H) oder Sprache (S) handelt:

1 ____ schreien

2 ____ grinsen

3 ____ mit-dem-Fuß-stampfen

4 ____ zögernd sprechen

5 ____ sich hinsetzen

6 ____ die Augenbrauen heben

7 ____ auf jemanden zugehen

8 ____ abgehackt sprechen

9 ____ sich bücken

10 ____ die Faust ballen

11 ____ Gewicht auf ein Bein verlagern

12 ____ Blickkontakt aufbauen

13 ____ nachdrücklich sprechen

14 ____ schweigen

15 ____ böse gucken

16 ____ sich am Kopf kratzen

17 ____ einen Anzug tragen[3]

---

[3] Lösung zur Übung: SMHSHM HSHGH MSSMGÄ.

✏ **Aufgaben:**

1. Beobachte Dich selbst. Wenn möglich, schaue Dir Videos von Deinen Predigten an und finde heraus, wie es um die nonverbalen Elemente Deiner Predigten steht. Achte dabei ganz besonders auf Nervositätsgesten.

2. Alles, was wir hier besprochen haben, kann man lernen und sollte es üben. Das Stichwort zum Erfolg heißt ohnehin: üben, üben, üben.
In diesem Falle bedeutet das:

- Überlege Dir, zu welchen Anlässen Du am besten welche Kleidung trägst.
- Stell Dich vor einen Spiegel (am besten einen Ankleidespiegel, in dem Du Dich ganz sehen kannst) und schneide ein paar Grimassen. Versuch einmal folgende Gesichtsausdrücke aufzusetzen: fröhlich, traurig, ernst, wütend, unsicher, arrogant, verwirrt und überzeugend.
- Stell Dich vor einen Spiegel und probier verschiedene Handbewegungen aus.
- Wenn Dir in einem Film eine besondere Geste, Haltung oder ein Gesichtsausdruck auffällt, versuch, ihn Dir zu merken, und probiere, ihn nachzumachen.
- Stell Dich wieder vor den Spiegel und probier folgende Körperhaltungen aus: locker, verkrampft, energisch.
- Nimm Dir einen Satz, zum Beispiel „Ich bin furchtbar böse" und sprich ihn auf verschiedene Weisen aus: lieb, aggressiv, resigniert, laut, leise, flüsternd, gelangweilt.
- Kombiniere diese Übungen und versuche, einen kongruenten Gesamteindruck zu erzeugen, also die Worte mit den nonverbalen Anteilen übereinstimmen zu lassen. Probier aber auch mal, einen psychologischen Nebel zu schaffen, indem Du z.B. den Satz „Ich liebe Dich!" aggressiv aussprichst (Sprache), dabei die Augenbrauen zusammenziehst (Mimik), die Fäuste ballst (Gestik) und Dich leicht nach vorne beugst (Haltung).

Diese Übungen sind eigentlich sehr lustig und eignen sich dazu, sie immer wieder mal zu wiederholen. Natürlich fällt es einem zunächst nicht leicht, sich grimassierend vor einen Spiegel zu stellen, aber diese Hemmschwelle kann überwunden werden. Achte auch dann, wenn Du nicht predigst, auf Deine Gesamtwirkung und geh mit offenen Augen durch die Welt: Beobachte Schauspieler, Politiker, Lehrer und andere Menschen, wie sie kommunizieren. Gerade bei Leuten, die in der Öffentlichkeit stehen, ist das oft sehr interessant und aufschlussreich.

13 Die Länge der Predigt

Über die optimale Predigtlänge ist viel nachgedacht und geschrieben worden. Fest steht: Es gibt Predigten, die zu lang und solche, die zu kurz sind. Paulus predigt in Apostelgeschichte 20,9 so lang(weilig?), dass Eutychus einschläft und aus dem Fenster in den Tod stürzt. Nach der Auferweckung des Eutychus macht Paulus noch die ganze Nacht weiter.
Für uns ist dies heute eindeutig zu lang. Verschlafene Predigten sind wenig hilfreich und auch ein gesunder Kirchenschlaf baut keinen Glauben auf.
Auf der anderen Seite brauchen die Zuhörer eine gewisse Zeit, um sich mit der Thematik auseinanderzusetzen. Predigten leben von Wiederholungen, und die brauchen eben Zeit. Themen müssen ausgebreitet werden, Einleitungen und Zusammenfassungen usw. sind wichtig.

Die Aufmerksamkeit für das gesprochene Wort sinkt jedoch kontinuierlich. Diese Entwicklung des Medienzeitalters können wir nicht rückgängig machen.
Mitte des neunzehnten Jahrhunderts gab es noch Redner auf Jahrmärkten und an Straßenecken. Damalige Reden konnten bis zu sieben oder acht Stunden dauern. Am 16.10.1854 beantwortete Abraham Lincoln eine dreistündige Rede von Stephen A. Douglas mit einer ebenso langen Rede, und Douglas gab anschließend noch einmal einstündige Antwort.[1] Dabei waren solche Reden durchaus nicht einfach gestrickt; im Gegenteil, meist handelte es sich um komplizierte „Lehrreden". Damals verfügten die Zuhörer offensichtlich noch über erheblich längere Aufmerksamkeitsspannen und auch über eine umfassendere (politische) Bildung.

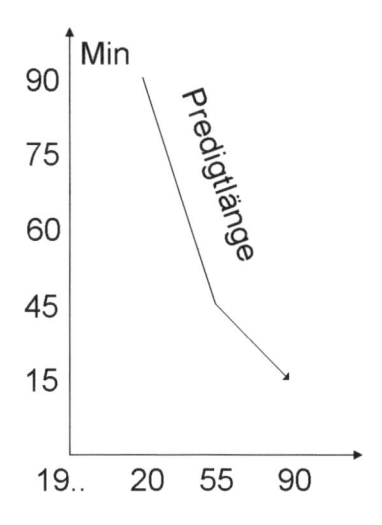

---

[1] Neil Postman, *Wir amüsieren uns zu Tode*, Frankfurt 1992, Seite 60.

Ähnliches gilt sicherlich auch für Predigten: In den 20er Jahren predigte Smith Wigglesworth gewöhnlich 1,5 Stunden.[2] Heute gilt in freien Gemeinden eine Predigtlänge von 45 Minuten als ideal. In den Landeskirchen bemühen sich die Prediger, nach 15 Minuten ihre Predigten zu beenden.
Die maximale Aufmerksamkeitsspanne ist mittlerweile so sehr gesunken, dass der Trend zu immer kürzeren Informationshappen und immer mehr Wiederholungen geht. Davon bleiben natürlich auch Predigten nicht verschont. Anders als das geschriebene lebt das gesprochene Wort von Wiederholungen. Das nennt man → *Redundanz*. Im Publikum ist meist jemand, der einen Moment abgelenkt war, oder noch über einen anderen Aspekt der Predigt nachgedacht hat. Einem solchen Hörer kommt man mit einer Wiederholung sehr entgegen. Wiederholungen helfen die Dringlichkeit eines Anliegens stärker zu betonen und erhöhen so die Wahrscheinlichkeit, dass die Zuhörer etwas von der Predigt behalten.

Generell gibt es zwei unterschiedliche Herangehensweisen an das Phänomen der geringer werdenden Aufmerksamkeitsspanne:
Die einen ignorieren dies und erklären die Gemeinde als einen Schutzraum für lange Reden. Die anderen gehen darauf ein und versuchen ihre Predigten möglichst kurz und präzise zu halten.
Wofür man sich entscheidet, ist nicht zuletzt eine individuelle Sache. Ob eine Predigt zu lang oder zu kurz ist, ist darüber hinaus meist subjektiv. Im Allgemeinen favorisiere ich kürzere und pointiertere Predigten, die spannend und interessant gehalten werden.

Wichtig ist:
Den Hörer nicht mit zu viel Information zu überfordern, ihn nicht mit zu plattem Inhalt zu unterfordern und ihn auf keinen Fall mit der guten Nachricht zu langweilen.

---

[2] Stanley H. Frodsham, *Apostel des Glaubens*, Erzhausen 1951, Seite 103.

14 Der Aufbau von Predigten

Bewusst oder unbewusst gibt man seinen Predigten immer eine Struktur, das kann man gar nicht vermeiden – warum auch? Die Struktur einer Predigt trägt schließlich wesentlich zu ihrer Verständlichkeit bei.
Normalerweise kann man bei jeder Predigt drei Teile erkennen. Um dem Publikum das Zuhören zu erleichtern, empfiehlt es sich, diese drei Teile gut voneinander zu trennen und sie *bewusst* einzusetzen.

➜ Einleitung
➜ Hauptteil
➜ Schluss

1. Einleitung
Eine Einleitung soll beim Zuhörer Interesse für die eigentlichen Punkte wecken. Es gilt die Aufmerksamkeit der Zuhörer zu gewinnen. Dies gelingt selten mit einer durch Nervosität in die Länge gezogenen Einleitung, in welcher der Prediger Witze erzählt, die mit dem eigentlichen Thema nichts zu tun haben. Mit einer guten geistlichen und technischen Vorbereitung können überlange, unnötige Einleitungsfloskeln vermieden werden. Die Predigteinleitung gehört zu den wirklich wichtigen Elementen der Predigt, so dass sie auch gut vorbereitet werden sollte.
Zu empfehlen sind überraschende Einleitungen, die den Hörer aufhorchen lassen. Der Kreativität sind hier eigentlich keine Grenzen gesetzt. Im Folgenden werden ein paar Beispiele ausgewählt und vorgestellt.

1.1. Die „Amerikanischer-Evangelist"-Einleitung
Eine eher marktschreierische Variante. Ich nenne diese Einleitung deshalb so, weil sie mir bisher (fast) nur bei amerikanischen Evangelisten aufgefallen ist. Doch halt! Da fällt mir ein, dass Jesus auch einmal eine Predigt nach der Art der amerikanischen Evangelisten eingeleitet hat:
Himmel und Erde werden vergehen, aber meine Worte werden nicht vergehen (Matthäus 24,35).
Solche Einleitungen weisen möglichst bombastisch auf die Wichtigkeit der kommenden Predigt hin.

„Das, was ich heute zu sagen habe, ist wichtig. Tatsächlich wird es für die meisten unter euch die wichtigste Botschaft sein, die ihr jemals gehört habt. Diese Predigt ist so wichtig und entscheidend lebensverändernd, dass es kaum eine Entschuldigung gibt, sie zu verpassen", usw. Ab und an wird mal eine kleine rhetorische Pause eingefügt, um dann wieder auf die Wichtigkeit der kommenden Worte hinzuweisen.
Wird sie zu oft verwendet, hat diese Art der Einleitung etwas Ermüdendes. In unserem Kulturkreis macht es oft eher skeptisch als gespannt, wenn je-

mand seine Rede so bombastisch einleitet. Jedes Reden Gottes ist wichtig, unabhängig davon, wie wir es vielleicht gewichten.

Außerdem solltest Du bedenken, dass Dein Hauptteil auch mit der Einleitung Schritt halten muss. Wenn nach einer solchen Einleitung eine Standardpredigt in monotonem Tonfall kommt, wirst Du Deine Hörer bald verlieren. Aber dennoch, wenn Anlass, Publikum und Predigttext passen, kann es auch mal richtig Spaß machen, mit großen Worten einzusteigen.

1.2. Die Geschichtenerzähler-Einleitung
Eine Predigt mit einer Geschichte – egal ob fiktiv oder real – zu beginnen ist eine ideale Methode, die Aufmerksamkeit der Zuhörer zu gewinnen. Jesus hat viele seiner Reden mit einer Geschichte oder einem Gleichnis eingeleitet.
Geschichten gut zu erzählen ist immer eine große Herausforderung, die sich lohnt. Durch Geschichten werden die alten Weisheiten und Wahrheiten der Bibel verständlich und Beispiele für die Umsetzung in der heutigen Zeit werden gegeben.
Über Jesus wurde gesagt, dass *er lehrte mit Vollmacht, und nicht wie ihre Schriftgelehrten* (Matthäus 7,28-29). Ein weiterer Unterschied zwischen der Lehre Jesu und der Lehre der Schriftgelehrten war, dass er in Bildern und Geschichten lehrte, die von den Menschen um ihn herum verstanden werden konnten.
Damals wie heute hatte die Religion die Tendenz, sich aus dem Volk herauszuentwickeln und in ihr eigenes „Ghetto" zurückzuziehen.
Gute Geschichten, gerade als Aufmerksamkeitsfänger am Anfang einer Predigt, können Brücken schlagen und so manche Distanzen überwinden.
Eine Spielart der Geschichtenerzähler-Einleitung kann auch ein von Gott geschenktes prophetisches Bild sein.
Ein gut erzählter Witz kann ebenfalls dazu dienen, eine Predigt einzuleiten. Hat der Witz etwas mit dem folgenden Thema zu tun, kann dies gut passen.

1.3. Die Zeugnis-Einleitung
Bei einer Predigt vor neuem Publikum, also nicht in der Gemeinde, in der man jeden Freitag oder Sonntag predigt, empfiehlt es sich, mit einer Art Vorstellung zu beginnen. Abhängig von dem Thema der Predigt kann man über das übliche „hallo-ich-heiße-soundso-bin-soundso-alt-und-mit-soundso-verheiratet" hinaus eine biographisch-zeugnishafte Einleitung wählen. Eine solche Einleitung schafft direkten Kontakt, da es den Zuhörer teilhaben lässt an dem, was im Leben des Predigers geschieht.
Handelt es sich um eine evangelistische Predigt, kann der eigene Weg zu Gott erzählt werden. Predigt man über Heilung, kann man eigene Erfahrungen mit dieser Gabe weitergeben etc. Solch eine Einleitung eröffnet ein weites Feld für auferbauende, lustige und traurige Anekdoten und erschließt das Herz der Zuhörer für das, was im Hauptteil gesagt wird.

In einer Zeugnis-Einleitung ist es nicht zwingend notwendig, ausschließlich „wunderbare Erfahrungen des Sieges" zu erzählen. Die Gefahr besteht, dass ein Publikum innerlich abschaltet („Dass der so was erlebt, ist ja ganz toll, aber bei mir macht Gott so was nie") wenn es sich mit dem Gefragten nicht identifizieren kann. Ehrlichkeit ist besser und oft auch lustiger.
Beispielsweise beginnt John Wimber sein Buch „Heilung in der Kraft des Geistes" mit einem Antizeugnis: Er schildert auf den einleitenden Seiten ein Heilungsgebet, das nicht erhört wurde – der Patient ist gestorben[1]. Gerade diese Einleitung, hat mich sehr ermutigt, weil mir klar wurde, dass auch ein John Wimber nicht immer über die Kraft Gottes verfügen kann.
Im Grunde ist ein ehrlicher Zeugniseinstieg manchmal fast das Gegenteil der „Amerikanischen-Evangelist"-Variante.

1.3. Zusammenfassungs-Einleitung
Gerade bei Lehrpredigten kann es sinnvoll sein, mit einer Zusammenfassung oder einer These zu beginnen. Das kann so weit gehen, dass man sogar seine Punkte als Überschriften weitergibt und Pointen vorwegnimmt. Diese Form der Einleitung macht es schwierig, den Zuhörer bei der Stange zu halten und einen Spannungsbogen aufzubauen.

---

[1] John Wimber: *Heilung in der Kraft des Geistes*, Asslar 2000, Seite 11f.

2. Hauptteil

Der Hauptteil ist der inhaltlich gewichtigste Teil der Predigt. Nachdem die Einleitung die ersten Hürden überwunden hat, kommt nun das Eigentliche. Dieses längste Stück der Predigt wird normalerweise in mehrere Abschnitte eingeteilt. Wie viele Teile es sind, hängt wesentlich von der Art der Predigt, ihrem Inhalt und dem zugrundeliegenden Bibelabschnitt ab. Eine häufige Einteilung ist die sogenannte „Drei-Punkte-Predigt", deren Hauptteil aus drei Punkten besteht. Mit drei Punkten wird der Zuhörer in der Regel weder unter- noch überfordert. Diese drei Punkte sind aber allenfalls eine Richtschnur, und nicht Gesetz. Manche Themen haben einfach mehr oder weniger Punkte, und es wäre falsch, einem Text so lange Gewalt anzutun, bis er genau drei Punkte hergibt.

Wichtig ist, sich in der Vorbereitung einer Predigt Gedanken darüber zu machen, was die Hauptpunkte sind:
- Was will der Text eigentlich aussagen?
- Was hat Gott mir aufs Herz gelegt?

Manchmal hilft es dabei, sich die Hauptaussagen als Überschriften zu notieren und mit einem Satz zu umschreiben. Im Hauptteil ist es von größter Wichtigkeit, strukturiert vorzugehen, einen Punkt nach dem anderen zu erläutern und nicht permanent zwischen den Punkten hin- und herzuspringen.

Oft baut sich die Predigt über die Hauptpunkte auf, weshalb ich mir viele Gedanken über die Reihenfolge meiner Kernaussagen mache. Ein guter → didaktischer Aufbau trägt viel zum Verständnis bei, gerade bei schwierigen Themen.

Um den Hauptteil übersichtlich in verschiedene Punkte zu gliedern, können unterschiedliche rhetorische Figuren verwendet werden. Manche Prediger verwenden gerne eine Alliteration, so dass jeder neue Punkt der Predigt mit dem gleichen Buchstaben anfängt. Andere bevorzugen eine Anapher, wiederholen also ein Wort am Anfang eines jeden Hauptpunkts. Besonders schön ist es natürlich, wenn die Anfangsbuchstaben der Punkte ein Wort ergeben (Akronym), am Elegantesten eines, das mit dem Predigtthema zu tun hat.

Natürlich kann man auch eine ganz schlichte Variante nehmen und die Punkte einfach nach 1.,2.,3., oder a, b, c aufzählen. In diesem Fall ist es gut, die Aufzählung mit einer aufzählenden Gestik zu verbinden.

3. Schluss

Das Ziel einer Predigt ist normalerweise nicht, in erster Linie Wissen zu vermitteln, sondern Leben zu verändern. Deshalb sollte in jeder Predigt, egal wie abstrakt das Thema ist, auch eine Anweisung zur Umsetzung enthalten sein. Hier kommt die Bedeutung eines guten Endes zum Tragen.
Eine Predigt ohne ein Ende, das dem Zuhörer hilft, auf Gottes Wort einzugehen, ist wie eine Packungsbeilage ohne Einnahmeverordnung. Was nützt es, ein Medikament zu haben, wenn wir nicht wissen, wieviel wir wann und wie lange einnehmen müssen? Die Wahrheiten aus Gottes Wort müssen erklärt werden, aber es muss auch klar werden, wie sie für den Einzelnen relevant werden und im Leben umseztbar sind.

Meist enthalten auch schon andere Teile Hinweise auf die Umsetzung, aber es empfiehlt sich, am Ende alles noch einmal schön übersichtlich zusammenzufassen.

Im Folgenden werde ich aufzeigen, wie ein Schluss gefunden werden kann. Je nach Predigtart, -thema oder Gottesdienstablauf bieten sich unterschiedliche Arten an, die Predigt zu beenden.

3.1. Zusammenfassung
Bei einer Predigt mit vielen Punkten ist es sinnvoll, zur Vertiefung am Ende eine Zusammenfassung zu geben, die dem Hörer die wichtigsten Punkte der Predigt noch einmal ins Gedächtnis ruft.
Dabei ist es ausschlaggebend, dass die Zusammenfassung auch wirklich eine Zusammenfassung ist und nicht in eine Nacherzählung der Predigt ausartet. Bei einer solchen Zusammenfassung sollte darauf geachtet werden, dass sie keine neuen Punkte hinzufügt. Hier kommt manch ein Prediger in die Versuchung, ein Thema erneut aufzugreifen und neue Ideen einzubringen. Damit erfüllt eine Zusammenfassung aber nicht ihren eigentlichen Zweck und wird im Endeffekt mehr verwirren als aufklären.

3.2 Anwendung
Jede Predigt sollte eine Anwendung haben, die dem Hörer vorschlägt, wie er Gottes Wort in seinem Leben umsetzen kann. Bei manchen Predigten ist es nicht angebracht, diese Anwendung in den Hauptteil aufzunehmen (etwa wenn die Predigt sehr narrativ ist und durch eine Anwendung im Hauptteil der Spannungsbogen kaputt gemacht wird). Wie bereits bei der „Quadratur der Nachricht" angedeutet, hat eine Predigt einen Appellaspekt und will beim Zuhörer etwas bewirken. Am Schluss der Predigt ist eine letzte Gelegenheit eine Anwendung zu formulieren.
Generell kann zwischen zwei Unterarten unterschieden werden:

3.2.1. Der Aufruf
Erscheint es sinnvoll nach der Predigt zu beten, so kann ein Angebot, nach vorne zu kommen und für sich beten zu lassen, angebracht sein. Hier steckt die Form des Gottesdienstes den Rahmen ab. Während es in eher charismatischen Gemeinden zum guten Ton gehört, nach der Predigt einen „Altarruf" zu machen und unter Handauflegung für Menschen zu beten, ist das in anderen Gemeinden ein absolutes „don't".
In großen Gottesdiensten ist es wiederum schwierig, mit der ganzen Gemeinde zu beten, was aber bei kleineren Veranstaltungen durchaus gut sein kann. Hier ist also Fingerspitzengefühl gefragt. Manche Themen eignen sich gar nicht für einen Gebetsaufruf, und es ist unnötig, sein Thema am Ende so zu verbiegen, dass ein Gebetsaufruf passt.

3.2.2. Der Appell
Manchmal eignet sich ein klarer Appell besser als ein Aufruf: „Macht jetzt einfach in der nächsten Woche dieses und jenes!" Wichtig ist, dass deutlich wird, was genau gemacht werden soll.
Wenn die Posaune einen undeutlichen Ton gibt, wer wird sich zum Kampfe rüsten? (1. Korinther 14,8).
So ist es auch mit Predigten: Weiß der Zuhörer nicht, was von ihm erwartet wird, war dieser Aspekt der Predigt wahrscheinlich vergebene Liebesmüh.

3.3. Überleitung
Ist die Predigt nur ein Teil unter vielen, kann eine schlichte Überleitung zum nächsten Gottesdienstelement hilfreich sein.
In meiner Gemeinde folgt in den Freitagsgottesdiensten der Lobpreis auf die Predigt, so dass es meist ausreicht, etwas zur Funktion des Lobpreises zu sagen.

3.4. Offener Schluss
Unter einem offenen Schluss verstehe ich, dass abschließend eine Frage gestellt wird, aber keinerlei Antwort gegeben wird (Aposiopesis). Wird dieses Predigtende nicht zu häufig angewandt, kann das Gehörte noch eine Weile im Publikum nachhallen.

3.5. Vortragslied

Ein Vortragslied nach der Predigt unterstützt manchmal das Reflektieren der Predigt. Lieder können nach der Predigt selbst gesungen, aber auch von CD gespielt werden. In manchen Gottesdienstformen bietet es sich an, nach der Predigt ein Lied zu singen, in Traugottesdiensten hat es sich schon eingebürgert.

3.6. Diskussion/Fragerunde

In kleineren Versammlungen können Predigten interaktiv enden, indem angeregt wird in der Gruppe über das Thema zu reden und Fragen zu stellen. Hier kann eine erneute Vertiefung der Thematik stattfinden.

✎ Aufgabe

> Eine Gliederung sollte bei jeder Predigtvorbereitung angefertigt werden. Dabei ist es gleichgültig, ob die Gliederung auf einem Blatt Papier, im Computer oder auch nur im Kopf gemacht wird.
>
> Zur Übung bitte ich Dich, stichpunktartig eine Predigtgliederung zu folgendem Text zu machen. Bitte formuliere nichts aus, es ist nur eine Gliederung. Vom Zeitaufwand her sollte diese Übung nicht länger als 20 Minuten in Anspruch nehmen.
>
> Lest Ihr diesen Kurs als Gruppe, tragt bitte Eure Lösungen auf einem Flipchart zusammen.
>
> Matthäus 5,21-26: *Ihr habt gehört, dass zu den Alten gesagt worden ist: Du sollst nicht töten, wer aber jemanden tötet, soll dem Gericht verfallen sein. Ich aber sage euch: Jeder, der seinem Bruder auch nur zürnt, soll dem Gericht verfallen sein; und wer zu seinem Bruder sagt: Du Dummkopf!, soll dem Spruch des Hohen Rates verfallen sein; wer aber zu ihm sagt: Du (gottloser) Narr!, soll dem Feuer der Hölle verfallen sein. Wenn du deine Opfergabe zum Altar bringst und dir dabei einfällt, dass dein Bruder etwas gegen dich hat, so lass deine Gabe dort vor dem Altar liegen; geh und versöhne dich zuerst mit deinem Bruder, dann komm und opfere deine Gabe. Schließ ohne Zögern Frieden mit deinem Gegner, solange du mit ihm noch auf dem Weg zum Gericht bist. Sonst wird dich dein Gegner vor den Richter bringen, und der Richter wird dich dem Gerichtsdiener übergeben, und du wirst ins Gefängnis geworfen. Amen, das sage ich dir: Du kommst von dort nicht heraus, bis du den letzten Pfennig bezahlt hast.*

Beispiellösungen:
Diese Beispiele stammen von Teilnehmern eines Predigerseminars.

Einleitung
- *[PredigerIn 1]* Vers 22 vorlesen (weil der so provokativ ist, dass er Aufmerksamkeit erregen muss)

- *[PredigerIn 2]* Text ganz lesen

- *[PredigerIn 3]* Das Bild einer harmonischen Gemeinde malen und Teil der Jesus-Freaks-Vision kommunizieren („Wir sind eine Familie")

- *[PredigerIn 4]* Den Text ganz lesen und ein Zeugnis erzählen, wie man selbst mal jemanden verletzt hat

Hauptteil
- *[PredigerIn 1]*
    1. Versöhnung
    2. Friede untereinander geht über Opfer
    3. Unvergebenheit hindert Spiritualität

- *[PredigerIn 2]*
    1. Wichtige Ausdrücke des Textes erläutern
    2. Beispiele zeigen
    3. Konsequenzen solchen Verhaltens aufzeigen

- *[PredigerIn 3]*
    1. Folgen des Bruderhasses
    2. Unmöglichkeit des Gottesdienstes in einer solchen Situation
    4. Umkehr (zurück zum Bruder / zurück zu Gott / Einheit)

- *[PredigerIn 4]*
    1. Gift für die Jünger
    2. Vor der eigenen Tür kehren
    3. Gewissenhaftigkeit

Schluss
- *[PredigerIn 1]* Appell zur Versöhnung

- *[PredigerIn 2]* Appell zur Versöhnung und sofort durchführen, Prediger beginnt unter Umständen selbst

- *[PredigerIn 3]* An den Händen fassen und beten

- *[PredigerIn 4]* Appell zur Versöhnung, nach Psalm 19,9 zeigen lassen, wo etwas in Ordnung gebracht werden muss

15 Die Predigtvorbereitung

Nachdem wir nun, auf welche Weise auch immer, Predigttext und -thema gefunden haben, geht es jetzt an die eigentliche Aufgabe: die Vorbereitung der Predigt. Die Bedeutung dieser Phase für das Gelingen einer Predigt wird immer wieder unterschätzt.

Gerade ein routinierter Prediger meint häufig „über die Zeit des Vorbereitens hinaus zu sein". Tatsächlich ist es jedoch essentiell, sich gut auf eine Predigt vorzubereiten.

Eine schlecht vorbereitete Predigt ist meist eine Katastrophe, egal wie routiniert sie vorgetragen wird. Überdies ist es dem Publikum gegenüber lieblos und zeugt von Arroganz und Faulheit.

Schlecht vorbereitete Predigten lassen sich anhand dreier Merkmale erkennen:

1. Sie haben „Überlänge": Der Prediger braucht lange, um ein paar Kernaussagen auf den Punkt zu bringen. An die Stelle von → Prägnanz und → Stringenz treten Wiederholungen und Wortgeklingel.

2. Der → didaktische Aufbau ist schlecht: Der Zuhörer kann schlecht folgen oder einen Punkt erkennen. Es führt nicht logisch geordnet eins zum anderen, sondern die Predigt ist durcheinander.

3. An die Stelle von sinnvollen Übergängen treten Pausen und Füllwörter. Eine der größten Schwierigkeiten ist es, Predigten so aufzubauen, dass sie „im Fluss sind" und keine logischen Brüche zwischen den einzelnen Teilen aufweisen. Das erfordert viel „Feilen" am Text. Wird diese Arbeit nicht im Vorfeld erledigt, findet sie in der Predigt selber statt; die einzelnen Teile kommen dann auch zusammen, aber der Zuhörer merkt das Holpern.

Natürlich können diese Schwachpunkte auch bei gut vorbereiteten Predigten vorkommen. Aber es sollte nicht zur Regel werden. Nervosität bringt manchen Prediger dazu, die logische Ordnung der Predigt durcheinanderzubringen.

Es ist gar nicht schlimm, solche Fehler in Predigten zu machen. Schlimm ist es, wenn diese Fehler durch Vorbereitung hätten vermieden werden können.

Übung macht den Meister, und es ehrt Jesus nicht, sich einfach auf die eigene Begabung zu verlassen und nicht daran zu arbeiten, etwas Gutes aus ihr zu machen.

Bemühe dich darum, dich vor Gott zu erweisen als einen rechtschaffenen und untadeligen Arbeiter, der das Wort der Wahrheit recht austeilt (2. Timotheus 2,15).

Predigten zu beurteilen, ist für uns als Prediger wichtig. Allerdings sollten die Predigten, mit denen wir uns am kritischsten auseinandersetzen, unsere eigenen sein; schließlich können wir nur an unseren eigenen Predigten arbeiten.

Dass uns Fehler in anderen Predigten auffallen, ist unvermeidlich. Aber es ist wichtig, nicht dabei stehenzubleiben, sondern die eigenen Predigten auf ähnliche Fehler hin zu untersuchen und diese dann auszumerzen.

Es ist eine gute Gewohnheit, den Balken im eigenen Auge zu suchen, wenn uns ein Splitter im Auge eines anderen auffällt (vgl. Matthäus 7,5).

Möglichkeiten der Predigtvorbereitung:

Vereinfacht gesagt gibt es zwei Arten der Predigtvorbereitung, die sich grundlegend unterscheiden: die bewusste und die unbewusste. Johann Wolfgang von Goethe sagte einmal, dass er eigentlich nicht dichten würde, vielmehr „dichte es in ihm". Auch so kann Predigtvorbereitung sein. Es predigt einfach in einem, man macht sich Gedanken oder auch nicht, betet, geht ins Kino oder macht irgend etwas anderes und auf einmal hat man eine fertige Predigt im Kopf. Das nenne ich unbewusste Vorbereitung.
Schön, wenn so etwas passiert, aber es ist nicht unbedingt der Normalfall. Mir persönlich fallen immer wieder Predigten auf diese Weise einfach zu, aber dieser „Zu-Fall" steht auf dem Boden eines regen geistlichen Lebens, und auch „zugefallene" Predigten müssen meist an dem ein oder anderen Punkt gefeilt werden.
Normalerweise hat die Predigtvorbereitung aktive und passive, bewusste und unbewusste Aspekte. Kreativität kann nicht erzwungen werden, und so sind wir davon abhängig, dass der Funke überspringt. Aber jede Predigt enthält auch Momente, die recherchiert und bearbeitet werden müssen: Bibelverse sollten im Wortlaut nachgeschlagen werden, vermeintliches Wissen überprüft und Übergänge geschliffen werden.

Ich persönlich verwende drei Methoden der Vorbereitung. Je nach Lebensphase, geistlicher Fitness, zur Verfügung stehender Zeit etc. rückt mal die eine und mal die andere Methode mehr in den Vordergrund oder eben in den Hintergrund. Normaler- und idealerweise widme ich mich in meiner Predigtvorbereitung allen drei Methoden.

sitzen

Ein Teil der Predigtvorbereitung muss am Schreibtisch erledigt werden: Kommentare lesen, Bibelverse nachschlagen usw. Je nach Predigt und natürlich Prediger dauert dieser Teil mal länger und mal kürzer. Für manche Predigten muss eine besonders genaue Wortstudie stattfinden, für andere nicht unbedingt.
Einige Prediger erledigen die gesamte Predigtvorbereitung am Schreibtisch, indem sie die komplette Predigt schriftlich ausformulieren. Das hat Vor- und Nachteile.

⬆ Hauptvorteil des schriftlichen Ausformulierens ist die Wiederholbarkeit.

⬇ Hauptnachteil dieser Methode ist, dass Schreiben immer anders ist als Sprechen, und dass eine Predigt schließlich gehalten (= mündlich vorgetragen) werden soll. Vieles liest sich auf dem Papier viel besser, als es sich anschließend spricht. Gestik, Mimik und Betonung lassen sich nicht auf einem Zettel oder am Computer erarbeiten, dafür muss die Predigt gesprochen werden: Man muss laufen.

laufen

Ein anderer Teil der Predigtvorbereitung ist das Einstudieren und Üben der Predigt. Für mich ist das eigentlich das Kernstück. Die Predigt wirklich einstudieren oder zumindest „testen". Es ist ein seltsames Phänomen, dass manche Predigt auf dem Papier gut aussieht und vielleicht auch ein wirklich gutes Handout abgibt, sich in den eigenen Gedanken auch gut anfühlt, gesprochen aber grauenvoll klingt.

Kenneth Hagin schrieb, wie er als 16-Jähriger todkrank Gottes Ruf als Prediger verspürte: „... ich fing an, einige Predigten auszuarbeiten. Ich habe später nur eine davon gepredigt. Man konnte sie nicht predigen. Aber schließlich hatte ich eine ganze Schachtel davon."[1]

Es ist mehr als unangenehm, erst auf der Bühne festzustellen, dass sich eine Predigt nicht halten lässt. Deshalb lohnt es sich, die Predigt zu proben und *vor* dem eigentlichen Halten ihre Schwachstellen zu entdecken und zu beheben.

Manche Teile einer Predigt werden erst durch die Art des Vortrages spannend und sinnvoll, deshalb sollten Betonungen, Gestik und eventuelle dramatische Effekte eingeübt werden. Das gilt auch für dramaturgische Veranschaulichungen.

schlafen

Wenn die Vorbereitungszeit es erlaubt, sollte man unbedingt über eine Predigt schlafen. Im Traum verarbeitet das Gehirn, was es aufgenommen hat. So wird neues Wissen mit altem verknüpft, und „Querverweise" werden gebildet, so dass das Wissen ein Teil von uns wird.

Und genau darum geht es: Unser Anliegen, unser Predigttext, soll ein Teil von uns werden. Nicht etwas, was wir uns schlecht durchdacht und nur oberflächlich angeeignet haben, um es gleich wieder zu vergessen, sondern ein Teil von uns.

Der Zuhörer erkennt Oberflächlichkeit sehr schnell. Es lohnt sich, das theologische Wissen „sacken zu lassen", bevor die Predigt gehalten wird. Häufig fallen einem nach ein paar Tagen Dinge zum Thema ein, auf die man vorher nie gekommen wäre, und man spürt ein tieferes Verständnis.[2]

Der Herr gibt es den Seinen im Schlaf (Psalm 127,2 Einheitsübersetzung)

---

[1] Kenneth E. Hagin: Gottes Medizin, München 1982, Seiten16f.
[2] In der jüdischen Theologie gibt es ein Phänomen, das hebräisch bat kol heißt: Tochter der Stimme (Gottes). Dieses Wort beschreibt ein nicht-fokussiertes Denken. Kommt man nicht zu einer Lösung, kann es hilfreich sein, die Gedanken einmal schweifen zu lasssen. In Ruhephasen oder wenn man sich nach intensiver Vorbereitung mit anderen Dingen beschäftigt, hat man meist gute Predigtideen. Bat kol sollte deshalb in keiner Vorbereitung fehlen.

EXKURS: Mindmaps – eine Möglichkeit, die Gedanken zu sortieren

Beim Mindmapping (übersetzt etwa „Gehirnkarte, Gedankenkarte") werden die Gedanken nicht wie üblich hinter- oder untereinander notiert, vielmehr wird der gesamte Platz auf einer Seite genutzt, um um einen zentralen Begriff herum zusätzliche Referenzworte zu ordnen.

Mindmaps erstellen
Wenn Du diesen Teil nur liest, kann es vielleicht etwas theoretisch klingen, tatsächlich ist das Mindmapping eine geniale Methode, Gedanken zu strukturieren. Anhand eines Beispiel-Mindmaps werden wir hier zeigen, wie ein Mindmap entsteht. Dazu werden wir in vier Schritten ein Mindmap über das Thema „Evangelium" erstellen.

Ein Mindmap muss weder einem künstlerischen Anspruch genügen, noch besonders akkurat gezeichnet sein. Es geht auch nicht darum, dass andere Menschen Dein Mindmap verstehen. Ein Mindmap ist ein persönliches Werkzeug, das *Dir* dabei helfen soll, *Deine* Gedanken zu ordnen.

Vier Schritte zu einem Mindmap

1. Schritt: Das zentrale Thema notieren
Schreibe das zentrale Thema in die Mitte eines leeren Blattes (Querformat).

2. Schritt: Schlüsselwörter sammeln
Sammle so viele Wörter, wie Dir zu dem Thema einfallen und schreibe sie auf.

3. Schritt: Oberbegriffe finden und die Schlüsselwörter einsortieren
Suche Oberbegriffe und ordne Deine Schlüsselbegriffe diesen Oberbegriffen unter.

4. Schritt: Mindmaps verfeinern
Zum Schluss feilst Du noch ein wenig an Deinem Mindmap, damit Du es für Dich auch noch nach einiger Zeit verständlich ist.

Beispiel:
Das zentrale Thema:
Schreibe das zentrale Thema „Evangelium" in die Mitte eines querformatigen Blattes Papier. Male noch einen Kreis oder ein Rechteck um das Wort in der Mitte, um es als das zentrale Thema zu kennzeichnen. Verwende mehrere Farben. Zeichne Linien – die so genannten Hauptäste – an das Thema in der Mitte.

Evangelium
04.09.2003

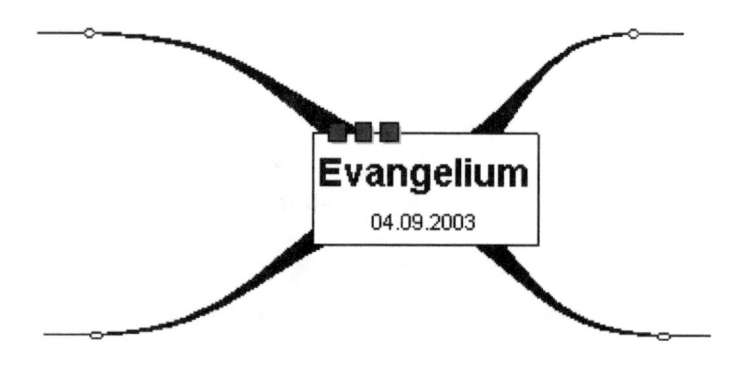

Die Schlüsselwörter:
Schreibe auf jeden Hauptast ein Schlüsselwort. Insgesamt sollten genügend Hauptäste gezeichnet werden, so dass Du alle Schlüsselwörter zum Thema „Evangelium" aufschreiben kannst. Du kannst auch einen neuen Ast an einen vorhandenen Ast malen, wenn Dir zu einem Hauptastbegriff weitere Begriffe einfallen.

Wichtig: Verwende nur Schlüsselwörter, keine ganzen Sätze.
Auf diese Weise sparst Du Zeit und fokussierst Deine Gedanken auf das Wesentliche.

Wichtig: Möglichst viele Wörter aufschreiben.
In der Anfangsphase gilt es, so viele Begriffe wie möglich auf die Äste zu schreiben. Gerade am Anfang solltest Du nicht zensieren – Wörter wegstreichen kannst Du später immer noch.

Wichtig: Skizzen und Zeichnungen einfügen.
Auch Skizzen und kleine Zeichnungen lassen sich in ein Mindmap integrieren, die Verwendung von Symbolen bezieht die rechte Hirnhälfte stärker mit ein. Auch dabei gilt natürlich, dass die künstlerische Qualität der Bilder nicht ausschlaggebend ist.

Oberbegriffe für Schlüsselwörter:
Nimm ein neues Blatt Papier und schreibe das zentrale Thema in die Mitte. Nun gilt es, eine Ordnung ins Chaos zu bringen. Zeichne wieder die Hauptäste und ordne diesen Oberbegriffe zu. Durch das erste Mindmap hast Du einen Überblick über Dein Thema bekommen, jetzt sollte es relativ einfach sein, geeignete Oberbegriffe zu finden.

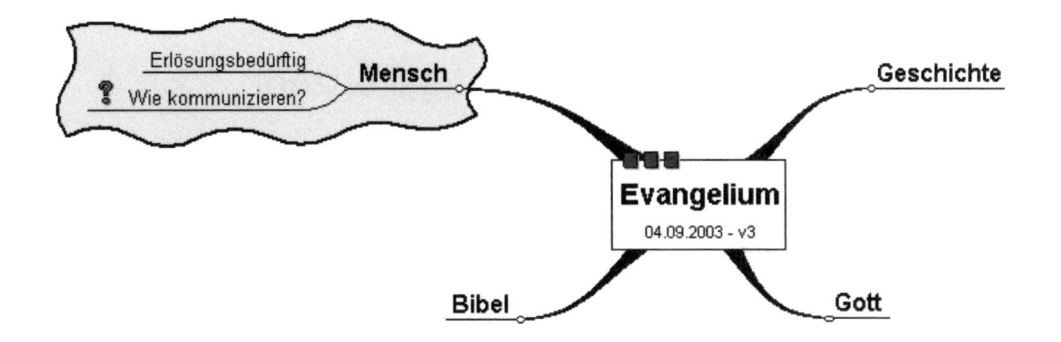

Zu jedem Oberbegriff kannst Du mit weiteren Zweigen die dort passenden Wörter anhängen. Die so entstehende Baumstruktur ist nach Themen oder Schwerpunkten sortiert. In unserem Beispielfall wären folgende Oberbegriffe zum Thema Evangelium denkbar: Mensch, Geschichte, Bibel und Gott. An diese Oberbegriffe kannst Du dann weitere Begriffe anhängen, die Du dann wiederum mit anderen Begriffen versehen kannst. Rahme die einzelnen Hauptäste und deren Verzweigungen ein. Verwende dazu verschiedene Farben.

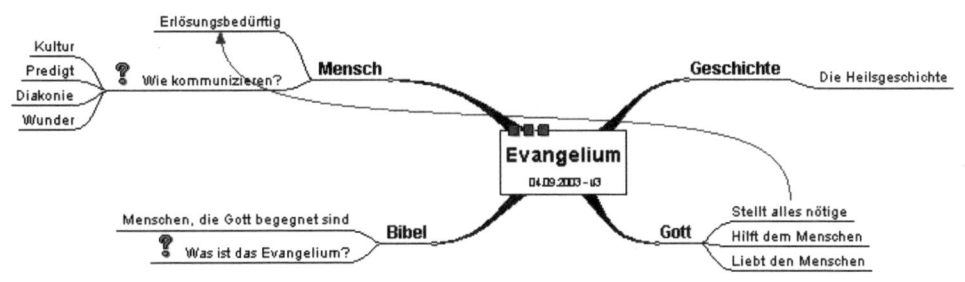

Alternativ: Mindmaps von Beginn an strukturieren
Die Aufteilung von Schritt 2 und 3 ist hauptsächlich für Einsteiger geeignet. Mit etwas Übung kannst Du Deine Mindmaps auch schon von Beginn an strukturieren. Bei völlig neuen Themen fällt das nicht immer leicht. Arbeitest Du von Anfang an mit Oberbegriffen auf den Hauptästen, solltest Du darauf achten, offen für Schlüsselwörter zu bleiben, die nicht unter Deine Oberbegriffe fallen. Sonst gehen vielleicht wertvolle Gedanken und Verknüpfungen verloren. Du kannst dafür auch einen Zweig „Sonstiges" eröffnen.

15a Sprechen statt schreiben –
Ein etwas anderes Vorbereitungskonzept[1]

An dieser Stelle werde ich zusätzlich zu den bereits vorgestellten Vorbereitungsmöglichkeiten noch einen Alternativansatz vorstellen. Dieser Ansatz soll das Vorherige nicht ersetzen, kann aber unter Umständen zur Vertiefung dienen.

In verschiedenen Prediger- und Homiletikschulen finden sich unterschiedliche Herangehensweisen an die Predigtvorbereitung. Eine weit verbreitete Ansicht, dass die Predigt komplett ausformuliert sein muss, verliert zunehmend an Popularität. Eine vollkommen ausformulierte Predigt birgt immer die Gefahr, eher eine Vorlesung als eine Predigt zu sein.

Meiner Meinung nach fehlt es einer solchen Rede an Lebendigkeit und Dynamik und die Zuhörer haben schneller Probleme, dem Redner zu folgen. Die Argumentation, dass der Heiligkeit des Wortes Gottes nur Genüge geleistet werde, wenn sich der Prediger jedes Wort genau überlegt, hält einem Vergleich mit den Predigten der Urgemeinde nicht stand. Die Predigten der ersten Gemeinden entsprachen eher dem Dialog als dem Vortrag.

In den freien evangelischen Gemeinden ist es eher unüblich, eine Predigt vorzulesen. Nichtsdestotrotz gibt es auch hier Prediger, die ihre Predigt vollständig ausformulieren. Häufig ist dies daran zu erkennen, dass sie zumindest gelegentlich dahin zurückfallen, einzelne Passagen vorzulesen. Prinzipiell ist dies auch nicht schlimm, vorausgesetzt, man verdeutlicht sich schon während des Verfassens der Predigt, dass es sich um eine Rede und keine Schreibe handelt. Die Schriftsprache verwendet komplexere Satzstrukturen und teilweise andere Wörter, die Rede hingegen zeichnet sich durch kurze, recht klar formulierte Sätze aus. Viele gute Redner sind schlechte Schreiber, da sie gewöhnt sind zu sprechen und nicht zu schreiben. Verfassen sie einen Text, klingt er oft plump und einfach, da der Autor von der Rede her kommt, aber ein geschriebener Text anders aufgebaut werden muss.

Die folgende Alternativvorgehensweise kann bei der Predigtvorbereitung sehr nützlich sein. Sie ergänzt ein stichpunktartiges Skript oder ein Mindmap und erzeugt Freiraum beim Predigen, auf Tagessituation, Publikum oder spontanes Reden des Heiligen Geistes einzugehen, ohne hinterher den eigentlichen Faden zu verlieren und nicht mehr weiterzuwissen.

---

[1] Das Kapitel „Sprechen statt schreiben – Ein etwas anderes Vorbereitungskonzept" wurde von Ferry Kreisz (ferry@kultshockk.de) erarbeitet.

Albert Damblon spricht in seinem Buch „Frei predigen"[1] von einem Ansatz, der auf den Erkenntnissen der Sprachwissenschaften beruht und zu Grunde legt, dass eine Rede am besten mit Reden und nicht mit Schreiben vorbereitet wird. Er schreibt:

„*Wer auf der Kanzel oder auf dem → Ambo frei sprechen will, muss sich nicht nur auf den Inhalt der Predigt vorbereiten, sondern auch auf ihr Sprechen. Schreiben führt nicht zum Sprechen. Deshalb ist eine Predigtvorbereitung, die einen Predigttext schriftlich ausarbeitet, abzulehnen. Der Prediger sollte sich mit der Methode des Sprech-Denkens anfreunden, die in besonderer Weise das freie Sprechen auf der Kanzel fördert. Es zwingt ihn, schon während der Vorbereitung zu sprechen.*"[2]

Ich persönlich würde nicht ganz so weit gehen, alle schriftlichen Vorbereitungen strikt abzulehnen, aber ich finde den von ihm entwickelten Ansatz bedenkenswert und möchte ihn deshalb hier anreißen. Natürlich muss jeder Prediger seine persönliche Art der Vorbereitung finden, dennoch erscheint die Idee, eine Rede durch reden vorzubereiten, plausibel.

Zum Hintergrund: Beschäftigen wir uns mit einem Thema, sammeln wir zunächst Informationen. Dabei entstehen Verknüpfungen in unserem Gehirn, die zunächst wahllos verteilt sind. Spricht man nun über dieses Thema, verknüpfen sich die einzelnen Areale und es kommt zu deutlicheren Strukturen im Gesagten. Spricht man mehrmals über ein und dasselbe Thema, so wählt man zwar immer unterschiedliche Sätze, der Inhalt aber bleibt gleich und die wichtigen und richtigen Gedankengänge, Reihenfolgen und Muster arbeiten sich zunehmend deutlicher heraus. Folglich werden die Verknüpfungen im Gehirn klarer und wir können über dieses Thema präziser und gleichzeitig entspannter sprechen. Diese Grundlagen macht sich die Sprecherziehung zunutze. Diese Erkenntnisse lassen sich gezielt für Predigten einsetzen.

Wie geht man bei dieser Methode vor? An dieser Stelle möchte ich keinen detaillierten Ablaufplan erstellen, sondern lediglich den Ablauf skizzieren.
Zunächst beginnt man mit dem Formulieren eines Ziels oder einer Überschrift. Daraufhin werden inhaltlich relevante Informationen gesammelt bzw. erarbeitet.
Ist diese Stoffsammlung geschehen, drängt es einen Prediger für gewöhnlich, darüber zu reden. Meist hat er noch nicht die gesamte Predigt fertig in seinem Kopf, aber einzelne Elemente bzw. Abschnitte sind bereits durchdacht oder gedanklich durchgesprochen. Ich empfehle, diese Passagen laut zu sprechen, weil dadurch mehrere Sinne angesprochen werden und man die Sätze deutlicher formulieren muss. Im Gehirn bilden sich die neuronalen Verknüpfungen viel stärker, als wenn die Gedanken diffus im Kopf bleiben. Wenn ich in meinem Beruf eine technische Verständnisfrage habe und diese jemandem stelle, erledigt sich die Frage oftmals schon beim Stellen, da mir die Antwort beim Reden kommt.

---

[2] Damblon, Albert, *Frei Predigen – Ein Lehr- und Übungsbuch*, Düsseldorf 1991.

Gleichzeitig ist mir aufgefallen, dass viele Entwickler und Konstrukteure vor ihrer Aufgabe stehen und laut mit sich selbst reden. Erscheint dies zunächst etwas ungewöhnlich, erfüllt es letztendlich einen Zweck: Das Thema entwickelt sich besser im Gehirn. Der Stoff entfaltet sich, wird greifbar und reproduzierbar. Deshalb empfiehlt es sich, nach der Inhaltssammlung einzelne Punkte durchzudenken und gleichzeitig laut durchzusprechen.

Diesen Schritt bezeichnet Damblon als „Sprech-Denkversuch". Um an diesem Versuch arbeiten zu können, würde ich dringend empfehlen ihn z.B. mit einem Diktiergerät aufzunehmen und sich nachher anzuhören. Dabei werden Ungereimtheiten oder schlecht ausgearbeitete Bereiche deutlich und Lücken im Inhalt offenbar. Außerdem lässt sich so auch schon in der Vorbereitung gut an formalen Dingen wie Sprache und Tonfall arbeiten. Sind die Elemente der Predigt durchgesprochen und ausgewertet, können diese überarbeitet werden. Anschließend wiederholt man den Sprech-Denkversuch mehrmals und überarbeitet die Predigt so weiter. Gleichzeitig verinnerlicht sich der Stoff immer mehr. Bei jedem Versuch wird die Predigt ausgefeilter, obwohl wahrscheinlich jedes Mal andere Worte verwendet werden. Durch eine solche Wiederholung werden sich die einzelnen Elemente immer mehr zu einem Ganzen entwickeln, das einen logischen roten Faden aufweist. Natürlich sollten auch in diesem Fall, wie in früheren Kapiteln angesprochen, Gedanken zu Aufbau und Struktur einer Predigt gemacht werden. Jedoch werden diese nicht ausformuliert, sondern in Gedanken oder mit Skizzen festgehalten.

Ich persönlich benutze gerne Gespräche mit meiner Frau oder Freunden über das Predigtthema als Sprech-Denkversuche. In solchen Gesprächen erhält man ein direktes Feedback von einer anderen Person und gleichzeitig neue Denkanstöße, die mir helfen, die Predigt „rund zu bekommen."

Des Weiteren ist es gerade vor den letzten Durchgängen zu empfehlen, eine mehrstündige Pause einzulegen, damit sich das Erarbeitete setzen kann.

Wie viele Durchgänge nötig sind, ist von Übung und Thema abhängig. Je freier und sicherer man in einem Thema ist, desto sicherer kann die Predigt gehalten werden. Natürlich nimmt diese Art von Vorbereitung mehr Zeit in Anspruch, als einmal einen Text zu verfassen und ihn dann abzulesen. Dennoch gehe ich davon aus, dass sich diese Vorbereitung für einen selbst und für den Zuhörer lohnt.

Was ein Skript oder Notizen angeht ist zu empfehlen, erst nach dem zweiten Durchgang stichpunktartige Notizen zu Beispielen oder Zitaten zu machen, damit zunächst frei gesprochen werden kann. Mit einem Mindmap oder einem Stichpunktskript beginnst du am besten erst ganz zum Schluss, wenn die Predigt im Kopf steht. Leidest Du an den in Kapitel 07 beschriebenen Ängsten, kann ein Skript helfen und Sicherheit vermitteln.

Um einen guten Einstieg in die Predigt zu bekommen, kann es durchaus hilfreich sein, die Einleitung auszuformulieren. Ist der Anfang erst einmal gemacht, wird es nicht schwer fallen das weiterzugeben, wovon das Herz voll ist.

Dieses Konzept der Vorbereitung verschiebt die Gewichtung mehr hin zum Laufen und Schlafen. Ich möchte jedem Prediger Mut machen sich mal mit dem Diktiergerät und Sprech-Denkversuchen auseinanderzusetzen, um mehr dahin zu kommen frei und dialogisch zu predigen, ohne die Schärfe in seiner Predigt zu verlieren.

Möglicher Ablauf einer sprechenden Predigtvorbereitung:

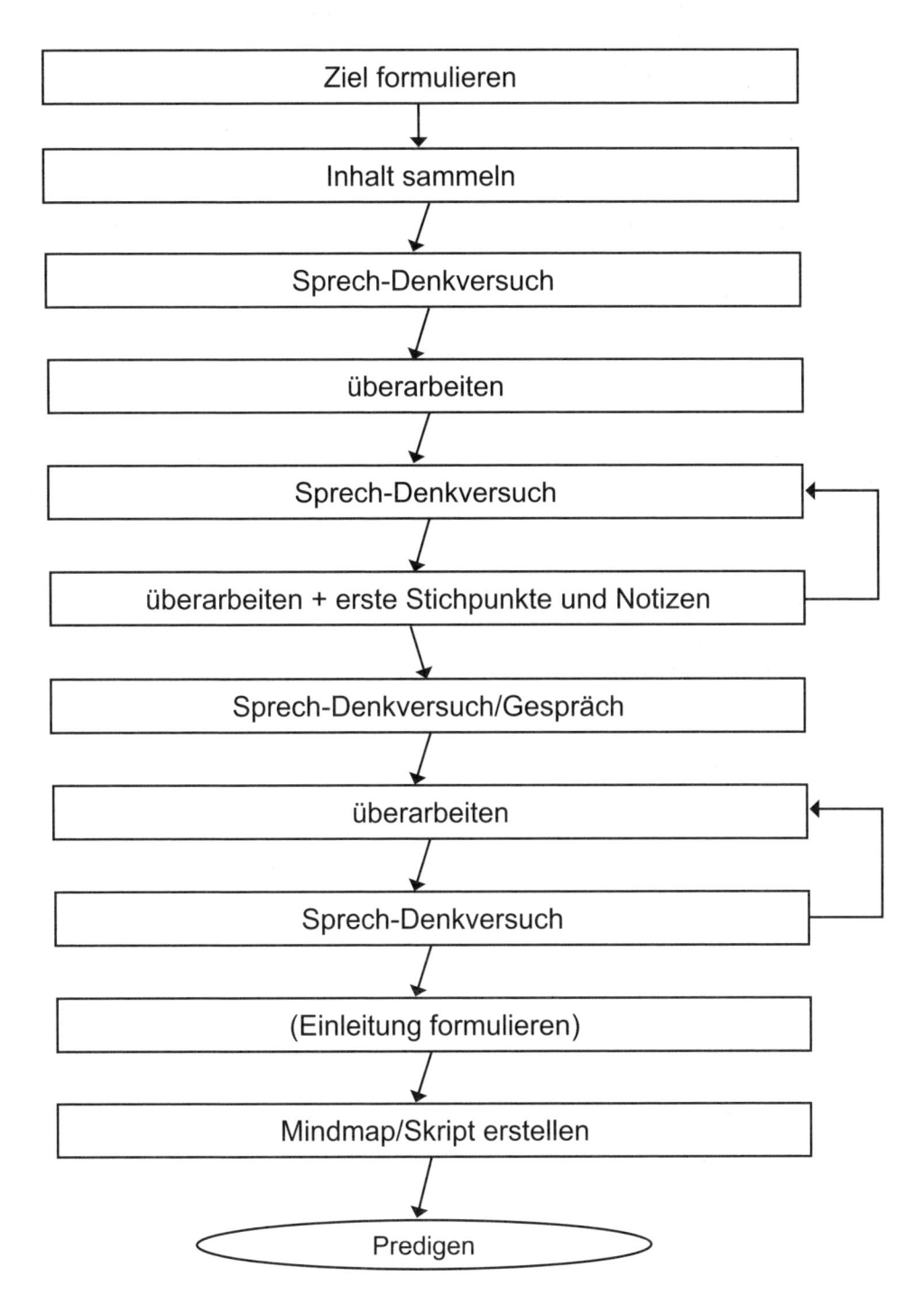

```
Ziel formulieren
      ↓
Inhalt sammeln
      ↓
Sprech-Denkversuch
      ↓
überarbeiten
      ↓
Sprech-Denkversuch  ←┐
      ↓              │
überarbeiten + erste Stichpunkte und Notizen ┘
      ↓
Sprech-Denkversuch/Gespräch
      ↓
überarbeiten  ←┐
      ↓        │
Sprech-Denkversuch ┘
      ↓
(Einleitung formulieren)
      ↓
Mindmap/Skript erstellen
      ↓
   Predigen
```

16 Geistliche Vorbereitung

Das Predigeramt ist ein geistliches Amt, und so ist eine gute Vorbereitung mit allen weltlichen Mitteln wichtig und nötig, wird aber immer unvollständig sein, wenn nicht auch eine entsprechende geistliche Vorbereitung dazukommt. C. H. Spurgeon, der „Fürst der Prediger", hat es einmal so ausgedrückt: „Wer groß sein will auf der Kanzel muss zunächst einmal groß sein auf seinen Knien." In diesem Satz steckt sehr viel Wahrheit. Gottes Geist muss fließen, wenn wir sein Wort so kommunizieren wollen, dass es den gewünschten Erfolg bringt.
Pauschal gesagt halte ich es immer für besser, eine technisch schlechte Predigt in der Kraft des Heiligen Geistes zu halten, als eine rhetorisch perfekte Predigt, die nichts weiter als eine Rede ist, weil der Heilige Geist sich nicht dazustellt.

Deshalb sollten wir bei der Vorbereitungszeit einer Predigt immer auch Gebet miteinrechnen. Eine Predigt zwischen Tür und Angel zu schreiben ist sicherlich kein Problem für einen routinierten Prediger, aber um in Kraft zu sprechen braucht es ein ordentliches, geregeltes geistliches Leben. Hierauf kann kaum genug Gewicht gelegt werden. Termindruck, Reisezeiten usw. sorgen schnell dafür, dass das Gebet und die Bibellese zur eigenen Auferbauung in den Hintergrund gerückt werden. Das darf nicht sein, denn das eigene geistliche Leben ist die Kraftquelle, der Motor des Dienstes.
Viele Prediger gleichen der Martha, die in der Gegenwart Jesu die ganze Zeit um ihn herumarbeitete und sich nicht die Zeit nahm, seine Gegenwart zu genießen. Aber von ihrer Schwester Maria sagte Jesus (Lukas 10,42), dass sie das gute Teil erwählt habe und dieses nicht von ihr genommen werden solle. Dieses gute Teil bestand darin, zu Jesu Füßen zu sitzen und seine Worte zu hören.

Ich kenne einen Pastor, der zwei Bibeln verwendet, eine für den Dienst zum Predigen und eine für seine eigene „Stille Zeit". Ich selbst achte darauf, in der Regel ein Bibelbuch zu studieren, aus dem ich im Moment nicht predige, und Bücher zur eigenen Erbauung zu lesen.
Für mich ist es essentiell, Gebetszeiten zu haben, bei denen ich nur zu den Füßen Jesu sitze, ohne für meinen geistlichen Dienst zu beten.

Wie auch immer Du Dich geistlich auf den Predigtdienst vorbereitest, achte darauf, dass Du immer eine Zeit vor der Predigt hast, die Du alleine mit Jesus verbringst, damit Du nicht ohne das Bewusstsein von Gottes Gegenwart Deine Predigt beginnst. Ich stelle mir vor jeder Predigt im Lobpreis vor, wie ich mit Jesus in einem ruhigen Garten sitze und ihm das, was ich sagen möchte abgebe. Er ist der Herr über meine Predigt und deshalb gebe ich sie ihm. Er kann sie gebrauchen oder mir etwas völlig anderes geben.

17 Predigttypen in Vorbereitung und Praxis

Da sich bis dato keine einheitliche Klassifizierung von Predigttypen durchgesetzt hat, unterscheide ich im Folgenden vier Predigttypen hinsichtlich ihrer unterschiedlichen Vorbereitungsschwerpunkte:

- Die textgebundene Predigt
- Die thematische Predigt
- Die biografische Predigt
- Die expositorische Predigt

In der Praxis kommt es immer wieder zu Überschneidungen zwischen diesen vier Predigttypen. Eine Predigt kann z.B. sowohl biografisches Material enthalten als auch expositorische Elemente benutzen.

Sehen wir uns im Folgenden diese Predigtformen einmal näher an:

1. Die textgebundene Predigt

Textgebunden ist eine Predigt, wenn sie sich an einem bestimmten Bibelabschnitt ausrichtet. Dabei ist zu beachten, dass der Bibelabschnitt möglichst kurz sein sollte (wenige Verse, damit die Zuhörer dem Text folgen können). Ist eine Predigt textgebunden, können natürlich noch andere Bibelstellen herangezogen werden, wobei immer wieder zum ursprünglichen Text zurückgekehrt wird. Textgebundene Predigten sind, wenn der Bibelabschnitt gut ausgewählt ist, relativ einfach zu halten. Eins kommt zum anderen, man hat das Gefühl, dass der Abschnitt „sich von selbst predigt". Unglücklicherweise eignen sich nicht alle Abschnitte für eine textgebundene Predigt.

Fünf wesentliche Merkmale einer textgebundenen Predigt:

Sie erklärt
Eine textgebundene Predigt erklärt eine Bibelstelle. Seit der Fertigstellung des biblischen Kanons ist alle Predigt nur noch auslegende Predigt. Es kommt an definitivem Wort Gottes nichts mehr hinzu. Natürlich heißt das nicht, dass Gott heute nicht mehr spricht – das tut er ganz gewiss – aber was er sagt, bestätigt und erklärt das, was er in der Bibel schriftlich niedergelegt hat.
Also beschäftigt sich jede Predigt auslegend mit der Bibel. Hier findet sich der Unterschied zwischen der Kanzelrede und anderen Formen der Redekunst: Sie hat ihre Grundlage in der Bibel.
Nicht nur an dieser Stelle ist die Gewissenhaftigkeit des Predigers gefragt.

Das Wort Gottes auszulegen ist eine heilige Aufgabe und eine große Verantwortung.

Die Anwendung
Wichtig für eine textgebundene Predigt ist, dass sie über rein theologische Informationen hinaus etwas zu bieten hat, nämlich eine Anwendung des Gelernten.

Die Hauptaussagen werden aus demselben Abschnitt hergeleitet
Idealerweise finden sich alle Hauptaussagen einer textgebundenen Predigt in dem zugrundeliegenden Bibeltext. Natürlich gibt es zu dieser Regel Ausnahmen, die das Ergebnis nicht ganz so elegant erscheinen lassen.
Im Unterschied zur expositorischen Predigt können bei der textgebundenen Predigt die Aussagen des Predigttextes durch biblische Aussagen ergänzt werden. Damit kann eine textgebundene Predigt als Bindeglied zwischen der thematischen und der expositorischen Predigt angesehen werden.

Eine textgebundene Predigt basiert auf wenigen Versen
Diese Definition lässt schlussfolgern, dass wenige zusammenhängende Verse und eventuell deren Kontext für die Predigt grundlegend seien sollten.

Eine textgebundene Predigt ist um einen Kerngedanken oder eine Hauptaussage aufgebaut.
Der Bibelabschnitt, über den wir predigen, hat einen Kerngedanken. Dieser Kerngedanke verbindet auch die einzelnen Teile unserer Predigt und sorgt dafür, dass eine textgebundene Predigt keine lose Zusammenstellung von Aussagen, sondern eine logische Einheit darstellt.

Eine textgebundene Predigt ist eine Erklärung und eine Anwendung von wenigen Bibelversen, die die Hauptpunkte der Predigt enthalten und um einen zentralen Gedanken oder eine Kernaussage aufgebaut sind.

Beispielpredigt[1]:

Einleitung:
Ich war in Griechenland, wo wir uns von einem Missionseinsatz in Albanien erholten, als ich zum ersten mal in der Bibel von der Sünde gegen den Heiligen Geist las und davon, dass die Lästerung des Heiligen Geistes nicht vergeben werden kann.
Ich war zwar noch nicht lange Christ, aber eigentlich vom Leben mit Jesus total überzeugt, und ich freute mich sehr auf den Himmel. Da schlug diese Bibelstelle in mein junges Glaubensleben ein wie eine Bombe. Obwohl ich bisher davon überzeugt gewesen war, dass Jesus mir alle Sünden vergeben hatte und ich auch die Taufe mit dem Heiligen Geist erlebt hatte und

---

[1] Ich habe diese Predigt zwar schon einige Male gehalten, leider gibt es aber trotzdem keine Aufnahme. Das, was hier abgedruckt ist, ist das Handout zur Predigt. Insofern ist es nicht 100%ig so zu predigen. Es ist kein Predigtskript.

in Sprachen beten konnte, war ich auf einmal sicher, den Heiligen Geist gelästert zu haben, und dass es keine Vergebung für mich gäbe.

Das, was folgte, war eine entsetzliche Zeit des Zweifelns. Ich liebte Jesus und war schließlich bereit, ihm sogar dann noch zu folgen, wenn ich den Himmel schon verspielt hätte. Aber auch bei diesem Gedanken war mir gar nicht wohl, denn ich wollte natürlich nicht in die Hölle!

Dieser innere Konflikt wurde durch ein Buch entschieden: „Guten Morgen, Heiliger Geist!" von Benny Hinn.

In einer Geschichte fand ich mein Problem wieder:

„Einmal kam ein Mädchen im Teenageralter zu mir in der Überzeugung, sie hätte den Heiligen Geist gelästert.

‚Machst du dir Sorgen?' fragte ich sie.

‚Ja', sagte sie mit sorgenvollem Gesicht.

‚Junge Dame', sagte ich, ‚allein die Tatsache, dass du dir Sorgen machst, bedeutet, dass du den Heiligen Geist nicht gelästert hast.'"[2]

Das ist natürlich nicht gerade ein theologisches Argument, aber in dem Moment wusste ich einfach, dass es wahr ist, dass ich den Heiligen Geist nicht gelästert hatte und auch nicht in die Hölle kommen würde. Was für eine Erleichterung ...

Seitdem habe ich viele Christen getroffen, die mit einer ähnlichen Angst, den Heiligen Geist gelästert zu haben, leben. Und so hat mich die Stelle immer wieder mal beschäftigt. Mit diesem Text möchte ich gerne ein paar theologische Einsichten weitergeben, die ich im Laufe der Zeit gewonnen habe.

Der Bibeltext:

Die Geschichte steht in drei Evangelien: Matthäus 12,22-32, Markus 3,20-30 und Lukas 11,14-23. Die Rahmenhandlung der Geschichten ist so unterschiedlich, dass man den Eindruck hat, Jesus könnte mehrmals über das Thema gesprochen haben.

Um die Unterschiede besser nachvollziehen zu können, empfehle ich Dir, die Stellen selbst einmal in der Bibel nachzulesen.

Im Matthäusevangelium predigt Jesus vor einer großen Menschenmenge (12,15), und ein Besessener wird zu ihm gebracht, den Jesus heilt. Markus berichtet, dass Jesus und seine Jünger in einem Haus waren, von einem Besessenen ist nicht die Rede, die Kontroverse entzündet sich hier an Jesu Worten (3,21). Lukas berichtet zwar vom Streitgespräch mit den Pharisäern (wie bei Matthäus ausgelöst durch die Befreiung eines Besessenen), aber nicht von der Schlussfolgerung der Sünde gegen den Heiligen Geist.

Also müssen wir uns, auch wenn Lukas eine ähnliche Begebenheit berichtet, an Matthäus und Markus halten, um etwas über die Sünde gegen den Heiligen Geist zu erfahren.

1. Der Adressat – Feinde des Evangeliums

In allen drei Berichten spricht Jesus zu Pharisäern, die entweder mit seiner Lehre nicht klarkommen, oder aber damit, dass er einen Besessenen von einem Dämon befreit hat. Es ist schon einmal beruhigend, dass Jesus hier nicht mit seinen Jüngern redet, die den Heiligen Geist gelästert haben, sondern mit seinen Feinden. Als geisterfüllter Christ weiß man den Heiligen Geist zu schätzen, und weniges läge ferner, als ihn zu lästern.

So werden wir als Gläubige auch an keiner Stelle des Neuen Testamentes aufgefordert, den Geist nicht zu lästern. Es ist einfach absurd, anzunehmen, dass jemand, der mit Jesus lebt, so etwas tun würde. Dass trotzdem im Umgang mit Gottes Geist einiges schiefgehen kann, davon spricht Paulus im 1. Thessalonicher 5,19: *Den Geist löscht nicht aus!*

Den Geist auszulöschen (andere Übersetzungen sagen: dämpfen) oder ihn zu *betrüben* (Epheser 4,30), bedeutet etwas ganz anderes als ihn zu lästern. Auch wir als Christen müssen lernen, mit einem *Heiligen* Geist umzugehen und auf Gottes Geist einzugehen, aber es ist zumindest sehr unwahrscheinlich, dass wir ihn lästern würden.

Diese Warnung Jesu richtet sich eindeutig an Feinde des Evangeliums.

---

[2] Benny Hinn: *Guten Morgen, Heiliger Geist!*, Asslar 1992, Seite 164-165

[3] vgl. Coenen, Beyreuther, Bietenhard: *Theologisches Begriffslexikon zum Neuen Testament,* Wuppertal, 1972.

2. Lästern – ein starkes Wort

Das griechische Wort für „lästern" heißt *blasphemeo*, von ihm leitet sich das Wort „Blasphemie" ab. Im Neuen Testament bringt das Wort fast immer eine direkte oder indirekte Haltung gegenüber einer Person zum Ausdruck[3]. Es geht hier also nicht darum, einen schlechten Witz über den Heiligen Geist zu machen, sondern um eine Haltung Gott gegenüber.

Das ist auch einer der Schlüssel zum Verständnis der unvergebbaren Sünde. Es geht hier nicht um eine Tat, sondern um eine generelle Haltung Gott gegenüber.

Letzten Endes steht und fällt unser geistliches und auch das ewige Leben mit der Haltung, die wir Gott gegenüber einnehmen. *„Gott widersteht den Hochmütigen, den Demütigen aber gibt er Gnade"* (Jakobus 4,6 und 1. Petrus 5,5). Es geht darum, ob wir Gottes Herrschaftsanspruch an unser Leben anerkennen, oder ob wir davon ausgehen, unseres eigener Glückes Schmied zu sein und unser Leben auch ohne Gott „auf die Kette zu kriegen". Die Haltung, die hinter dem Lästern steht, ist eine eindeutig hochmütige, die bewusst versucht, Gottes Werke schlecht zu machen.

Blasphemeo hat immer den Sinn, etwas wissentlich schlecht zu machen.

Bedenken wir, dass die Pharisäer wohl wussten, wen sie vor sich hatten. Sie hatten die Schriften des Alten Testamentes ihr Leben lang studiert. Sie hätten den Messias erkennen müssen. Sie mussten einfach wissen, dass sie es mit einem Wirken Gottes zu tun hatten. Und dennoch schrieben sie dieses Wirken dem Teufel zu.

Noch am Kreuz hat Jesus für seine Mörder gebetet: *„Vater, vergib ihnen, denn **sie wissen nicht**, **was sie tun**!"* (Lukas 23,34). Davon konnte hier keine Rede sein. Die Schriftgelehrten wussten, was sie taten.

3. Menschensohn vs. Heiliger Geist

Jesus sagt: *„Wer ein Wort redet gegen den Sohn des Menschen, dem wird vergeben werden; wer aber gegen den Heiligen Geist redet, dem wird nicht vergeben werden"* (Matthäus 12,32).

Über diese Redewendung ist viel nachgedacht worden. „Sohn des Menschen" wird von Jesus eindeutig als Titel verwendet. Es ist der Titel, den er am häufigsten für sich verwendet: immerhin zweiundachtzig Mal in den Evangelien[4]. Im Griechischen ist diese Redewendung absolut ungewöhnlich und sie ist wohl nur eine direkte Übersetzung des Aramäischen, das Jesus gesprochen hat. Im Aramäischen heißt „Sohn des Menschen" einfach nur „Mensch" und ist wahrscheinlich kein besonderer Titel gewesen.

Deshalb gehen die Meinungen der Theologen hier auseinander: Einige sagen, dass Jesus sich selbst gemeint hat, andere gehen davon aus, dass die Lästerung irgendeines Menschen vergeben wird und dass Jesus nicht sich selbst gemeint haben kann, weil ja von der Göttlichkeit Jesu her betrachtet eigentlich kein großer Unterschied zwischen ihm und dem Heiligen Geist ist: Beide sind Gott.

Ich persönlich glaube, dass beides richtig ist. Jesus hat diesen Ausdruck ganz bestimmt als Titel benutzt. An allen anderen Stellen zweifelt das auch niemand an. Warum also hier?

Aber da wir ja glauben, dass Jesus zur gleichen Zeit 100% Gott *und* 100% Mensch war, konnte man zu allen Zeiten beides in ihm sehen. Man konnte ihn reden, laufen, essen, schlafen sehen und nichts als einen Menschen in ihm erkennen, und man konnte ihn predigen, heilen und Dämonen austreiben sehen und Gott in ihm erkennen.

Viele Menschen haben in Jesus nicht sofort Gottes Sohn erkannt, aber Jesus hat sie nicht dafür getadelt, sondern ihnen oft noch eine „Extraoffenbarung" gegeben.

Z.B. in der Heilungsgeschichte eines Gelähmten (Markus 2):

1 Und nach etlichen Tagen ging er wieder nach Kapernaum; und als man hörte, dass er im Hause wäre, 2 versammelten sich sogleich viele, so dass kein Platz mehr war, auch nicht draußen bei der Tür; und er predigte ihnen das Wort. 3 Und man brachte einen Gelähmten zu ihm, der von vieren getragen wurde. 4 Und da sie wegen der Menge nicht zu ihm herankommen konnten, deckten sie dort, wo er war, das Dach ab, und nachdem sie durchgebrochen, ließen sie das Bett, darauf der Gelähmte lag, herab. 5 Als aber Jesus ihren Glauben sah,

---

[4] vgl. Robert H. Stein: *The Method and Message of Jesus´ Teachings,* Louisville, Kentucky, 1994. Seite 135ff

sprach er zu dem Gelähmten: Sohn, deine Sünden sind dir vergeben! 6 Es saßen aber dort etliche von den Schriftgelehrten, die dachten in ihren Herzen: 7 Was redet dieser so? Er lästert! Wer kann Sünden vergeben als nur Gott allein? 8 Und alsbald merkte Jesus kraft seines Geistes, dass sie so bei sich dachten, und sprach zu ihnen: Warum denkt ihr solches in euren Herzen? 9 Was ist leichter, zu dem Gelähmten zu sagen: Deine Sünden sind dir vergeben? oder zu sagen: Steh auf, nimm dein Bett und wandle? 10 Damit ihr aber wisset, dass des Menschen Sohn Vollmacht hat, auf Erden Sünden zu vergeben – sprach er zu dem Gelähmten: 11 Ich sage dir, stehe auf, nimm dein Bett und gehe heim! 12 Und er stand auf, nahm alsbald sein Bett und ging vor aller Augen hinaus; so dass sie alle erstaunten, Gott priesen und sprachen: Solches haben wir noch nie gesehen!

Die Schriftgelehrten hatten nur einen Menschen sagen hören, dass er Sünden vergeben könnte. Das konnten sie – zu Recht! – nicht annehmen. Jesus war überhaupt nicht wütend und sagte auch nicht, dass diese Gedanken Sünde seien, sondern er gab den Pharisäern ein Zeichen, das ihn als Gottes Sohn und Gesandten auswies. Anders als manch andere ähnliche Geschichte in den Evangelien ging diese gut aus, am Ende priesen alle Gott.

Es ist also eine Sache, einen menschlichen Boten Gottes abzulehnen, aber eine andere, einem direkten Wirken Gottes zu widersprechen. Jesus hatte es genauso nötig, in seinem Dienst vom Heiligen Geist bestätigt zu werden, wie wir auch. Es liegt einfach in der menschlichen Blindheit begründet, einen Boten Gottes nicht zu erkennen, und das ist zunächst einmal keine Katastrophe. Aber Gott bestätigt seine Boten übernatürlich (Markus 16,20), und einer so klaren Bestätigung Gottes zu widersprechen, wie Jesus sie hatte, ist schon eine heftige Sache.

Ende und Zusammenfassung: Die Sünde gegen den Heiligen Geist
Darüber, was die Sünde gegen den Heiligen Geist genau bedeutet, ist viel spekuliert worden. Im Laufe der Jahrhunderte sind die seltsamsten Ansichten geäußert worden. Manche haben gesagt, es hieße, einen Propheten zu unterbrechen. Andere meinten, es hieße die charismatische Bewegung abzulehnen oder auch nur manche Auswüchse zu kritisieren.
Vom Bibeltext her ist die Sache aber eigentlich klar: Es bedeutet, wissentlich ein Wirken Gottes dem Satan zuzuschreiben.
Das erklärt auch, warum die Sünde unvergebbar ist. Man muss schon eine ganze Strecke von Gott entfernt sein, um seine übernatürlichen Taten dem Teufel zuzuschreiben.
Buße hat immer etwas mit Einsehen und oft auch Zerbruch zu tun. Wenn jemand so weit von Jesus entfernt ist, dass er ein Wirken des Heiligen Geistes zwar noch erkennt, aber es dennoch nicht anerkennt und darüber lästert, kann man schon davon ausgehen, dass er ein sehr hartes Herz hat, das keine Buße mehr tut.
Paulus schreibt von sich, dass er selbst mal diese Haltung Gott gegenüber hatte, dass er auch ein Lästerer war (1. Timotheus 1,13) der vor seiner Bekehrung sogar Christen mit Gewalt zur Lästerung gezwungen hat (Apostelgeschichte 26,11). Trotzdem ist ihm vergeben worden. Die Sünde gegen den Heiligen Geist wird nicht deshalb nicht vergeben, weil Gott sie nicht vergeben will, sondern weil der Mensch so weit von ihm entfernt ist, dass er keine Vergebung mehr sucht. Wenn selbst ein direktes Wunder Gottes ihn nicht mehr erreicht, wie soll Gott ihn dann erreichen?

Anwendung:
Ich denke, dass unsere Zeit von Menschen wie den Pharisäern voll ist.
Genau wie Jesus brauchen wir heute die Kraft des Heiligen Geistes, um Menschen von der Realität Gottes zu überzeugen – wie einen Ausweis, den wir vorzeigen können, um die Leute um uns herum davon zu überzeugen, dass wir Gottes Gesandte sind.
Genau wie Jesus haben wir diesen Ausweis auch, und er ist für Ungläubige sichtbar. Vielleicht bestätigt uns Gott nicht in dem Maße wie Jesus und ganz gewiss nicht in dem Maße, in dem wir uns das vorstellen, aber es ist doch eine Tatsache, dass der Heilige Geist unter uns wirkt. Wir haben in unseren Gemeinden viele Beispiele von Gottes lebensverändernder Kraft und immer auch einige von göttlicher Heilung. Wenn schon unsere Worte niemanden von Gott überzeugen können, sollten wenigstens diese Taten überzeugend sein.

Leider machen wir aber immer wieder auch die Erfahrung, die Jesus gemacht hat. Die Haltung der Menschen Gott gegenüber ist so verhärtet, dass sie Gottes Wirken wegrationalisieren und anderen Faktoren zuschreiben. Natürlich würde heute niemand mehr sagen, dass ein Wirken Gottes vom Teufel ist. Dazu sind wir viel zu „aufgeklärt"! Heute sehen die Erklärungen anders aus, wirken aber ebenso absurd: Selbstheilungskräfte, Einbildung, Zufall, kosmische Strahlung, selbst Aliens und anderer Unsinn werden ins Feld geführt, um nur nicht die einzige Erklärung zuzulassen, die logisch ist: Dass Gott noch heute wirkt. Nicht sein kann, was nicht darf!

2. Die thematische Predigt

Die thematische Predigt geht nicht von einem Bibelabschnitt aus, sondern von einem Thema. Die Bibelstellen zu diesem Thema können dabei weit verstreut liegen. Damit ergibt sich auch gleich die Hauptschwierigkeit von thematischen Predigten: Es bedarf einiger Zeit und Mühe bei der Vorbereitung. Um thematische Predigten vorzubereiten, benötigt man ein fundiertes Bibelwissen. Da manche Themen in der Bibel sehr weit angelegt sind, passiert es recht häufig, dass man mit einer Predigt nicht auskommt, um ein Thema erschöpfend zu behandeln. So eignet sich der thematische Ansatz besonders gut für Predigtreihen.

Wesentliche Merkmale einer thematischen Predigt:

Es gibt nicht immer einen Kerngedanken, denn das Thema verbindet
Das Wichtigste an einer thematischen Predigt ist natürlich das Thema. Zu diesem Thema, fallen einem gewöhnlich ziemlich schnell eine ganze Menge Punkte ein, die in eine Predigt passen könnten. Das Hauptproblem besteht meist nicht darin, etwas zu finden, sondern eine sinnvolle Auswahl aus der Fülle zu treffen und sich auf wichtige und relevante Aussagen zu beschränken.

Verschiedene Möglichkeiten auf ein Thema zu kommen habe ich schon in Kapitel 08 erläutert. Falls eine thematische Predigt zur Predigtreihe ausufert ist es wichtig, die gemeinsame Überschrift immer wieder zu wiederholen, sonst geht mit der Zeit unter den vielen einzelnen Aspekten das Verbindende der Predigten verloren und es entsteht das Gefühl, es mit losen theologischen Bruchstücken zu tun zu haben.

Die Anwendung
In einer thematischen Predigt hat die Anwendung einen hohen Stellenwert. Es reicht an dieser Stelle nicht aus, lediglich Informationen zu Gottes Sicht des Themas zu geben, sondern es bedarf aktueller Hilfestellungen zur Umsetzung im Alltag. Gerade bei thematischen Reihen ist es gut, die Anwendung immer wieder zu wiederholen, denn wir neigen dazu, über der Fülle an Theorie die Praxis zu vergessen.

Die Hauptpunkte werden aus dem Thema hergeleitet
Anders als bei der textgebundenen und der expositorischen Predigt ist der Hauptpunkt nicht festgelegt. Jeder Prediger wird bei komplexen Themen andere Hauptpunkte wählen, auf die es ihm ankommt. Das ist in Ordnung, denn die Bibel lässt tatsächlich bei den meisten Themen eine enorme Bandbreite an Möglichkeiten zu. Hierin liegt auch die kreative Chance der thematischen Predigt. Man kann viel von seinem eigenen Hintergrund und den eigenen Gedanken in sie hineinlegen.

Eine thematische Predigt leitet ihr Thema von einem Schriftabschnitt her, wird aber unabhängig davon entwickelt, wobei man sich nach den Gedanken innerhalb des Themas richtet.

Beispielpredigt:

„Und es begab sich, als Jesus diese Rede beendet hatte, entsetzte sich das Volk über seine Lehre. Denn er lehrte sie wie einer, der Vollmacht hat, und nicht wie ihre Schriftgelehrten" (Matthäus 7,28-29).

Einleitung: Was ist Vollmacht?
Der große Unterschied zwischen Jesus und den Schriftgelehrten seiner Zeit war, dass er in der Vollmacht Gottes redete.
Eine Vollmacht oder Bevollmächtigung ist eine Befähigung, etwas zu tun. Es ist eine verliehene Autorität, in der man handelt. Auch die Schriftgelehrten hatten eine Autorität, in der sie redeten und lehrten. Bei ihnen war es die Autorität ihres Wissens. Sie hatten die Heiligen Schriften studiert und kannten wohl auch weite Teile auswendig. Jeden einzelnen Buchstaben des Gesetzes konnten sie auslegen, und dennoch war ihre Lehre langweilig und tot, riss niemanden vom Stuhl und hatte auch keine Kraft, das Leben eines Menschen zu verändern.
An vielen Stellen weist Jesus die Schriftgelehrten hart zurecht und sagt ihnen, dass all ihr Lehren zu einer religiösen Sache verkommen ist, der kein göttlicher Funke mehr innewohnt.
Jesus bezog seine Vollmacht direkt aus Gott, er sprach als einer, dem Gott Autorität über die Werke des Teufels verliehen hat und der einen Auftrag Gottes zu erfüllen hat:
„Der Geist des Herrn ist auf mir, weil er mich gesalbt hat; er hat mich gesandt, den Armen frohe Botschaft zu verkünden, zu heilen, die zerbrochenen Herzens sind, Gefangenen Befreiung zu predigen und den Blinden, dass sie wieder sehend werden, Zerschlagene in Freiheit zu setzen; zu predigen das angenehme Jahr des Herrn" (die Vergebung – Anm. Storch) (Lukas 4,18-19). Jesu Worte waren die eines Abgesandten, eines Botschafters Gottes, der sich seiner Autorität und seines Auftrages bewusst war.
Die Schriftgelehrten redeten zwar auch über Gott, aber durch Jesus sprach Gott selbst.

Heute sieht es so aus, als ob sich in den letzten 2000 Jahren seit Jesu Auftreten nicht allzu viel geändert hätte.
Die heutigen Geistlichen stützen sich immer noch mehr auf eine menschliche Autorität, die

sich aus einer fundierten biblischen Ausbildung und der Ordination durch eine Kirche ableitet, als auf die Autorität Gottes.

Wie vor 2000 Jahren haben ihre Worte herzlich wenig Kraft und verändern keine Menschen.

Doch *„Gottes Reich kommt nicht in Worten sondern in Kraft!"* (1. Korinther 4,20). Niemand wird durch Wissen und Überredung für Gott gewonnen, sondern Gott selbst ist es, der Menschen zu sich ruft, wenn das Wort Gottes in der Kraft Gottes verkündigt wird.

Das ist das Herzstück von Römer 10,17: *„Der Glaube kommt aus der Predigt"*, aber nur da, wo Gott selbst *„das Worte durch die begleitenden Zeichen bekräftigt"* (Markus 16,20).

Auf das Bekenntnis des Petrus: *„Du bist der Christus, der Sohn des lebendigen Gottes!"* (Matthäus 16,16) antwortet Jesus: *„Selig bist du, Simon, Jonas Sohn; denn Fleisch und Blut hat dir das nicht geoffenbart, sondern mein Vater im Himmel!"* (Vers 17).

Möge Gott geben, dass eine Umkehr seines Volkes stattfindet. Weg von einer Autorität, die nur auf theologischem Wissen und menschlicher Ernennung basiert und wieder hin zu einer Bevollmächtigung allein durch die Kraft Gottes!

Hauptteil: Drei Schritte zur Vollmacht:
Wenn Du Christ bist, hast Du die Möglichkeit, die Menschen Deiner Zeit genauso zu verwundern wie Jesus. Auch Du kannst in der Vollmacht Gottes reden, predigen, leben oder alles andere tun, was Gott von Dir möchte. Eigentlich sind es nur drei Dinge, die nötig sind:

1. Die Vollmacht empfangen
„Da rief er seine zwölf Jünger zu sich und gab ihnen Vollmacht über die unreinen Geister, sie auszutreiben, und jede Krankheit und jedes Gebrechen zu heilen" (Matthäus 10,1).

Die Vollmacht, übernatürlich in der Kraft Gottes zu wirken, wird direkt von Gott gegeben. Jesus macht in Matthäus 28 klar, dass ihm alle Gewalt (Vollmacht) im Himmel und auf Erden gegeben ist und er sagt den Jüngern zu, bei ihnen zu sein bis ans Ende der Zeit.

Der Jesus also, dem alle Vollmacht gegeben ist, will bei seinen Jüngern sein in allem, was sie für ihn tun.

Gott hat nie jemanden ausgesandt, ohne ihn zugleich auch zu befähigen!
Apostelgeschichte 1,8 sagt: *„Ihr werdet Kraft empfangen, wenn der heilige Geist über euch kommt."*
Jeder geisterfüllte Christ ist ein Bote Gottes, der die gleiche Vollmacht hat wie Jesus selbst.

2. Gott glauben
Jesus sagt: *„Wer an mich glaubt (wie die Schrift sagt), aus seinem Leibe werden Ströme lebendigen Wassers fließen"* (Johannes 7,38).

Ströme lebendigen Wassers meint den Heiligen Geist, der von jedem fließen will und soll, der an Jesus glaubt.

Viele haben Probleme zu glauben, dass Gott gerade durch sie wirken will. Dennoch ist es so. Der Glaube an eine auserwählte Priesterkaste, durch die allein Gott wirken kann, ist dem Neuen Testament fremd. *Jeder* Gläubige darf die Wunder Gottes sehen und ist ein Botschafter Christi, der in der Vollmacht Gottes auftreten kann: So sind wir *„Botschafter an Christi statt, und zwar so, dass Gott selbst durch uns ermahnt; so bitten wir nun an Christi statt: Lasset euch versöhnen mit Gott!"* (2. Korinther 5,20).

Wenn ein Christ etwas von Gott weitergibt, dann als Botschafter Gottes, an der Stelle von Jesus Christus selbst. Das Problem ist für viele Christen nur zu glauben, dass sie tatsächlich an Jesu Stelle hier auf der Erde sind und die gleichen Dinge tun können und sollen, die er selber tat.

Aber wenn die Bibel so hoch von Dir denkt, solltest Du das auch tun. Glaube Gott, dass Du sein Botschafter bist und traue ihm zu, dass er sich da schon den Richtigen für ausgesucht hat!

3. Leben und reden in dieser Autorität
Bitte Gott, Dir immer mehr zu offenbaren, was Deine Rechte und Vollmachten als Gesandter Gottes sind und probier diese Dinge aus.

Du hast zum Beispiel das Recht
– Menschen zu sagen, wie man Frieden mit Gott bekommt (2. Korinther 5,20).
– Menschen zu befreien, die in der Gewalt des Teufels sind (Markus 16,17).
– gläubig gewordene Menschen zu taufen (Apostelgeschichte 8,37-38).

Ein Appell am Ende: Lieber Schriftgelehrter:
Wenn Du bis hier durchgehalten hast, will ich Dir noch sagen, dass Gott Dich liebt. Du bist kein schlechter Christ, und Gott sieht Deine Mühe um sein Reich. Er hat Dich gesehen, wie Du Dich um Wissen über sein Wort bemüht hast, wie Du gearbeitet und studiert hast, um ihm besser dienen zu können.
Es ist nichts falsch an einer guten theologischen Ausbildung, und es ist auch nichts falsch daran, in einer Kirche ordiniert zu sein. Falsch ist es nur, daraus seine Autorität zu ziehen. Autorität gibt allein der Heilige Geist, nur er kann Wunder tun und Menschen zu Gott bekehren. Lass ihn doch bitte in Dein Leben. Bitte ihn, Dich zu erfüllen und Dir die beste Vollmacht zu geben, die es gibt.

3. Die biografische Predigt

Die biografische Predigt eignet sich für seelsorgerliche und evangelistische Themen, eben für alles, wobei es besonders um eine Veränderung durch Gottes Geist geht. In der biografischen Predigt liegt das Hauptaugenmerk nicht darauf, theologische Wahrheiten zu verbreiten, sondern darauf, wie sich theologische Wahrheiten in einem Leben ganz praktisch als gültig erweisen.
Natürlich gilt es auch dabei den Rahmen, den das Wort Gottes uns steckt, nicht zu verlassen. Der Hauptreiz der biografischen Predigt besteht darin, dass kein allzu klares Thema benötigt wird. Bezüglich der Vorbereitungszeit ist die biografische Predigt sicherlich auch die sparsamste; sie eignet sich hervorragend für spontane Anlässe.

Redest Du gerne über Deine eigenen Erfahrungen und erzählst Du gerne Anekdoten, ist biografisches Predigen schlichtweg genial.
Bei Gemeindepredigern ist hier natürlich Vorsicht geboten. Biografische Predigten eignen sich besser, um Inhalte zu illustrieren, als sie zu vermitteln, und sind damit denkbar ungeeignet, das Fundament apostolischer Lehre in einer Gemeinde zu errichten. Außerdem gehen einem selbst bei einem langen und bewegten Leben irgendwann die aussagefähigen Anekdoten aus.

Beispielpredigt:

Hi,
ich bin Storch. Ich bin Gemeindeleiter der Jesus Freaks Remscheid und würde Dir gerne erzählen, was ich mit Jesus erlebt habe und wie ich ihn kennengelernt habe.
Es ist jetzt schon ein paar Jahre her, muss so um 1989 oder `90 gewesen sein.
Damals hatte ich noch nichts mit Gott zu tun und wollte es auch gar nicht. Mein Leben sah aus, wie das vieler anderer auch. Ich hatte keinen Bock mehr auf Schule, wohnte noch bei meinen Eltern und fand eigentlich so ziemlich alles schlecht.
Alles, was ich wollte, war Party machen und früh sterben – „live fast, die young", dachte ich mir. Es war die Zeit, in der man Black Metal hörte. Bands wie Venom und King Diamond standen hoch im Kurs, und donnerstags habe ich mich immer mit einigen Typen vor einer christlichen Teestube in Grundschöttel getroffen.
Die Pommesbude neben der Gemeinde verkaufte Karlsquell, was damals mein Lieblingsbier war und auch noch das billigste (49 Pfennig die Dose). Wir haben vor der Kirche auf einer Mauer gesessen, laut Musik gehört, über die frommen Spießer gelacht und uns betrunken. Ziemlich dämlich eigentlich, aber damals dachte ich, das wäre das Geilste überhaupt ...
An einem Abend, als ich schon ziemlich dicht war, kam ein Mädel aus meiner Klasse vorbei. Sie ging auch manchmal in diese Teestube, und an dem Abend stellte sie sich zu uns und sagte mir mit todtrauriger Miene einen Satz, der mein Leben veränderte: „Du kommst in die Hölle!"
Ich kann nicht einmal sagen, dass mir dieser Gedanke irgendwie fremd war. Ich hatte das schon oft gehört – auch von ihr. Bisher war es mir immer völlig egal, und ich wollte erst recht nichts mit einem Gott zu tun haben, der mich als Andersdenkenden in die Hölle wirft!
An diesem Abend war es aber irgendwie anders. Äußerlich blieb ich cool, doch innerlich war ich total getroffen. So oft ich das auch gehört hatte, auf einmal wusste ich, dass es stimmt.
Ich ging später nach Hause in der absoluten Gewissheit, dass sie recht hatte und ich wirklich auf dem Weg zur Hölle war.
Am nächsten Tag war irgendein Feiertag, aber als ich verkatert aufstand, sah die Welt immer noch nicht besser aus. Mittlerweile hatte ich richtig Angst zu sterben, ohne mein Leben mit Gott in Ordnung gebracht zu haben. Die frommen Sprüche, über die ich früher immer gelacht hatte, erschienen mir gar nicht mehr lustig.
„Du weißt nie, wann es aus ist. Du kannst nach Hause gehen, ein Ziegel fällt Dir auf den Kopf und Du bist tot ..." Mittlerweile machte ich mir um so was ernste Sorgen.
Ich rief meine Mitschülerin an und fragte, ob ich vorbeikommen könnte, um die Sache klarzumachen. Mittlerweile wollte ich unbedingt mit Gott ins Reine kommen.
Der Fußweg zu ihr war mit das Schlimmste, was ich je erlebt habe. Ich hatte so viel Angst, so kurz vor knapp noch zu sterben, dass ich möglichst von Baum zu Baum ging, um von keinem Auto überfahren zu werden. Sonst wäre ich wohl getrampt, aber auch das traute ich mich aus Angst vor einem Unfall nicht mehr.
Ich kam unbeschadet an und erfuhr, dass Gott nur ein Gebet weit weg ist und Jesus mich sicher vor der Hölle rettet, wenn ich ihn in mein Leben lasse.
Das klang gut. Kein mühevoller Weg, kein Selbstfindungskram, keine Beschneidung. Nur ein Gebet. Das Problem war nur, ich konnte nicht beten.
Allen Mühen zum Trotz brachte ich das kleine Gebet, das sie mir vorsprach, nicht über die Lippen.
Es war, als ob mein Mund verklebt wäre und ich einfach nicht: „Bitte Jesus, vergib mir und komm in mein Leben. Amen." sagen könnte.
Ich kam gerade bis „bitte", dann war Schluss. Der Name Jesu wollte mir einfach nicht über die Lippen. Nach vielleicht zwei Stunden erfolgloser Versuche hatten wir beide Tränen in den Augen und ich dachte: „Es ist vorbei. Die Chance ist vertan, in die Hölle kommst Du doch."
Erst völlig verzweifelt und mit letzter Kraft gelang es mir, meinen Stolz zu überwinden und das Gebet zu sprechen, das mein Leben für immer verändern sollte.
„Bitte Jesus, vergib mir und komm in mein Leben."
Gott hat mein Gebet sofort beantwortet.
Kaum hatte ich „Amen" gesagt, überkam mich ein Gefühl, das ich nie zuvor empfunden hatte: Frieden.

Ich hatte immer Probleme mit Wut, Depressionen, Hass und Angst. Kaum jemals hatte ich mich wirklich wohlgefühlt, oft war ich angespannt, nervös und aufgewühlt.
Auf einmal war es ganz still in mir. Das Gefühlschaos war fort und ich fühlte mich vollkommen ruhig, ausgeglichen und glücklich.
Es war nicht so, dass ich die anderen Gefühle verloren hätte. Ich hatte etwas Neues dazugewonnen. Etwas, das vorher eindeutig nicht dagewesen war.
Seitdem weiß ich, dass ich nicht in die Hölle kommen werde, sondern dass Jesus mich davor gerettet hat und ich bin total dankbar dafür.
Die Bibel sagt klar, dass ein Mensch, der auf dieser Welt ohne Gott lebt, auch nach dem Tod ohne Gott sein wird. An einem Ort, der echt Scheiße ist: Der Hölle eben.
Dieses Gebet, das ich vor so vielen Jahren gebetet habe, ist sicherlich keine Zauberformel, und es gibt viele Möglichkeiten, es anders auszudrücken. Aber es ist auch nicht schlecht, und wenn es mich vor der Hölle gerettet hat, kann es auch Dich retten, wenn Du anfangen willst, mit Jesus zu leben.
Gott segne Dich!

„Wenn Du sagst, dass Jesus der Herr ist und glaubst, dass er von den Toten auferstanden ist, wirst Du errettet werden" (Römerbrief 10,9).

4. Die expositorische Predigt [5]

„Die Exposition eines Bibeltextes bedeutet, dass man aus dem Text das herausholt, was dort ist, und es sichtbar macht. Man bricht auf, was verschlossen zu sein scheint, macht verständlich, was unklar ist, entwirrt, was verknotet ist, und entfaltet, was eng gepackt ist. Das Gegenteil von Exposition ist „Imposition", das heißt, dass man dem Text etwas aufstülpt, was gar nicht vorhanden ist."[6]

Die expositorische Predigt zeichnet sich anhand von fünf Merkmalen aus:

Die ausführliche Exposition
Die ausführliche Exposition (Darlegung und Erklärung des Inhaltes) gibt dieser Predigtart ihren Namen. Auf den ersten Blick scheint ein solches Vorgehen selbstverständlich zu sein, aber meist erklärt der Prediger nur einen Kerngedanken und eventuell ein einzelnes Wort, das etwaige Verständnisschwierigkeiten bietet. In einer ausführlichen Exposition wird das gesamte Material betrachtet und bearbeitet.
An dieser Stelle zeigen sich auch sofort die größten Vor- und Nachteile der expositorischen Predigt: Einerseits bietet diese Predigtart dem Zuhörer eine Fülle theologischer Informationen und stärkt so das Verständnis für die Bibel; andererseits erfordert expositorisches Predigen eine sorgfältige Vorbereitung seitens des Predigers. Eine solche Predigt bedarf gerade anfangs einer langen, intensiven Vorbereitungszeit.

---

[5] Vergleiche auch ICI-Studienführer „Expositorisches Predigen".
[6] John Stott, Between two Worlds: *The Art of Preaching in the Twenty-First Century,* Grand Rapids: Eerdmanns, 1982, Seite 125-125.

Ein Beispiel: Zu dem Text aus Johannes 3,3-6 soll eine Predigt zum Thema Wiedergeburt gefasst werden. *Jesus antwortete und sprach zu ihm: Wahrlich, wahrlich, ich sage dir: Wenn jemand nicht von neuem geboren wird, so kann er das Reich Gottes nicht sehen! Nikodemus spricht zu ihm: Wie kann ein Mensch geboren werden, wenn er alt ist? Er kann doch nicht zum zweitenmal in den Schoß seiner Mutter eingehen und geboren werden? Jesus antwortete: Wahrlich, wahrlich, ich sage dir, wenn jemand nicht aus Wasser und Geist geboren wird, so kann er nicht in das Reich Gottes eingehen! Was aus dem Fleisch geboren ist, das ist Fleisch, und was aus dem Geist geboren ist, das ist Geist.*

Expositorisch zu predigen hieße, alle Schlüsselwörter zu erklären: Reich Gottes – Wasser – Geist – Geburt etc. Auf diese Art und Weise bekommt der Zuhörer ein maximales Verständnis des Themas Wiedergeburt. Eine nicht-expositorische Predigt würde hier wohl eher den Umweg eines Zeugnisses wählen und relativ schnell zu einem Übergabegebet kommen.

Die Anwendung
Wichtig für eine expositorische Predigt ist, dass sie zwar viele theologische Aussagen enthält, aber darüber hinaus noch etwas zu bieten hat, nämlich eine Anwendung des Gelernten. Gerade bei expositorischen Predigten ist es wichtig, diesen Aspekt der Anwendung nicht zu vernachlässigen. Expositorische Predigten eignen sich hervorragend für Lehrpredigten, und da kann es schon mal passieren, dass man vergisst, die großen Scheine der Theologie in die kleinen Münzen des Alltags zu wechseln.

Alle Hauptpunkte werden aus einem Schriftabschnitt hergeleitet
Predige ich über das Thema Wiedergeburt, so ziehe ich gerne *Römer 10,9-10* hinzu: *Wenn du mit deinem Mund Jesus als den Herrn bekennst und in deinem Herzen glaubst, dass Gott ihn von den Toten auferweckt hat, so wirst du gerettet. Denn mit dem Herzen glaubt man, um gerecht zu werden, und mit dem Munde bekennt man, um gerettet zu werden.*
Mit solch einer Ergänzung wird die Predigt über Johannes 3 um einen sehr wesentlichen Punkt erweitert. Eine expositorische Predigt ließe hingegen ausschließlich den Bibelabschnitt für sich sprechen. Diese Beschränkung ist sinnvoll, denn die Bibel ist mehr als ein Zitate-Steinbruch, und oft ist unklar, ob wir mit unseren Verknüpfungen zwischen verschiedenen Bibelbüchern richtig liegen. Die Bibel stellt sich uns als eine Einheit dar, dennoch gilt es zu bedenken, dass zwischen einzelnen Bibelstellen Jahrhunderte liegen, große räumliche Distanzen und kulturelle Unterschiede der Autoren. Durch die Beschränkung auf wenige zusammenhängende Verse wird die innere Einheit eines Textes bewahrt und das Risiko, einem der biblischen Autoren etwas in den Mund zu legen, was er niemals gemeint, hat wird minimiert.

Eine expositorische Predigt basiert auf einem oder wenigen zusammenhängenden Versen
Diese Definition ergibt Sinn, denn in längeren Zusammenhängen gäbe es so viele wichtige Wörter, dass eine ausführliche Exposition ausufernd wäre.

Eine expositorische Predigt ist um einen Kerngedanken herum aufgebaut
Der Bibelabschnitt, über den wir predigen, hat einen Kerngedanken, und dieser soll erläutert werden. Dieser Kerngedanke verbindet auch die einzelnen Teile der Predigt und sorgt dafür, dass eine expositorische Predigt keine lose Zusammenstellung von Aussagen, sondern eine logische Einheit darstellt.

Eine expositorische Predigt besteht aus einer ausführlichen Exposition und einer Anwendung, ausgehend von einem oder wenigen Bibelversen, die alle Hauptaussagen einer Predigt stellen und um einen zentralen Gedanken oder eine Kernaussage herum aufgebaut sind.

Gegenüberstellung der vier dargelegten Predigtarten

	Stärke	Schwäche	Vorbereitung	Gelegenheit
Textorientiert	systematisch theologisch	Lediglich ein Ausschnitt eines Themas wird präsentiert	schnell	vielfältig
Thematisch	systematisch theologisch, thematisch umfassend	kann durch Länge die Aufmerksamkeit der Hörer strapazieren	erfordert systematisches Studium (Sekundärliteratur und Konkordanz)	Seminare, Gemeinde
Biografisch	interessante Wirkung	hat unter Umständen wenig Inhalt	schnell, eignet sich auch gut für „Spontanpredigten"	Evangelisation
Expositorisch	systematisch und umfassend theologisch	kann sehr theoretisch sein	erfordert systematisches Studium / permanentes Bibelstudium	Gemeinde, Bibelabende, Bibelschule, Seminare

Diese schematische Darstellung dient lediglich als grobes Modell.

✗ Gut zu wissen: Predigtarten und der fünffältige Dienst [7]

Paulus spricht im vierten Kapitel des Epheserbriefes vom fünffältigen Dienst, der die Gemeinde aufbauen und Christen in die Reife führen soll. Die Dienstgaben, die hier angesprochen werden, sind Hirte, Evangelist, Lehrer, Apostel und Prophet.

Besonders die ersten drei erscheinen mir als eine praktische „Kategorisierung" von Predigern. Im Folgenden soll es darum gehen herauszufiltern, welchem Predigttyp Du am ehesten angehört und welche Predigtart Dir folglich entgegenkommt.

→ Hirten:

Ein Hirte predigt eher seelsorgerlich und zielt auf das Herz des Zuhörers, indem er Gottes Antworten auf Probleme aufzeigt. Das Ziel solcher Hirten ist es, den Charakter des Einzelnen und die Gemeinde an sich aufzubauen. Ein Hirtenprediger bevorzugt meist thematische oder biografische Predigten. Eventuelle Themen könnten sein: „Leid – wie gehe ich damit um?" „Freude neu entdeckt". Von solchen Predigern hört man häufig zeugnisartige Aussagen.

---

[7] Literatur zum fünffältigen Dienst:
Begemann, Daggi: Handout zur Leiterausbildung der Jesus Freaks, Nürnberg.
Kaldewey, Jens: Die starke Hand Gottes, Glashütten, 2003/2001.
Storch: Der fünffältige Dienst in Theorie und Praxis, Remscheid, 2003.
Ulonska, Reinhold: Gott hat gesetzt …, Erzhausen, 1995.

→ **Lehrer:**
Lehrer predigen gern anspruchsvoll und zielen auf den Kopf der Zuhörer. Sie predigen, um den Glauben aufzubauen, der ja aus dem Wort Gottes kommt. Ihre bevorzugten Predigtarten sind die textgebundene und die expositorische Predigt.

→ **Evangelisten:**
Evangelisten predigen oft mit großer Leidenschaft und Eindringlichkeit. Sie verweisen immer wieder auf das Kreuz, da sie mit ihren Predigten Menschen dazu bewegen wollen, Christus in ihr Leben einzuladen. Bevorzugt werden Evangelisten thematisch oder biografisch predigen. Eventuelle Themen könnten sein: „Der Weg zu Gott", „Wie uns Gott begegnet ist".

Fünffältiger Dienst	Ziel	Predigttyp
Hirte	Auferstehung und Charakterstärkung	thematisch / biografisch
Lehrer	Glauben stärken	textgebunden / expositorisch
Evangelist	Menschen zu Jesus führen	thematisch / biografisch

✏ **Aufgabe**
Finde heraus, welche Art der Predigt Dir am meisten liegt. Wenn Du unter Druck eine Predigt vorbereitest und es schnell gehen muss, hältst Du dann eher eine expositorische Lehrpredigt oder eine biographische? Auf der nächsten Seite ist ein Fragebogen, der Dir vielleicht hilft, Dich besser einzuschätzen.
Probier auch mal einen Predigttyp, der Dir spontan nicht so zusagt, das hilft Dir, Dein Repertoire zu erweitern.
Vielleicht hast Du jetzt auch festgestellt, dass Du oft einen Predigttyp predigst, der gar nicht zu Dir passt. Dann kannst Du das ändern.

Fragebogen – Welcher Predigttyp liegt Dir am meisten?

1. Ich lese gern.
a. Wenn ich mehr Zeit hätte, würde ich mehr lesen.
b. Nein.
c. Ja.

2. Ich erzähle gerne Anekdoten.
a. Wenn sie gut passen, gerne.
b. Sehr gerne, weil sie das Evangelium gut vermitteln.
c. Anekdoten passen nicht so gut in meine Predigten.

3. Irgendwann lerne ich Griechisch und Hebräisch.
a. Ist bestimmt ganz gut, aber dafür habe ich keinen Kopf.
b. Wozu?
c. Das muss sein!

4. Am wichtigsten ist, dass jemand zum Glauben kommt.
a. Ist ein guter Nebeneffekt, aber mir kommt es mehr auf das qualitative Wachstum an.
b. Das ist doch das Wichtigste, oder?
c. Darum sollen sich die Evangelisten kümmern.

5. Ich habe eine recht gute Allgemeinbildung.
a. Ich komm ganz gut klar.
b. Ist mir nicht so wichtig.
c. Ich denke schon.

6. Ich plane für die Predigtvorbereitung einige Stunden ungestörter Zeit ein.
a. Diese Zeit habe ich leider meist nicht.
b. Eine ordentliche Gebetszeit vorher reicht mir!
c. Ohne kann ich gar nicht predigen.

7. Ich bereite mich nicht gerne vor.
a. Vorbereitung muss sein, aber das Ergebnis ist mir wichtiger.
b. Das stimmt leider.
c. Doch, die Vorbereitung ist mir sehr wichtig.

8. Es macht mir nichts aus, mich zu wiederholen.
a. Wenn die Leute mich so besser verstehen, macht es mir nichts aus, aber ohne ist es mir lieber.
b. Ich finde, die grundlegenden Wahrheiten können gar nicht oft genug wiederholt werden!
c. Mich nerven Wiederholungen.

9. Ich halte ein und dieselbe Predigt gerne mehrmals.
a. Wenn es sein muss.
b. Klar, schließlich behalten Predigten ihre Gültigkeit.
c. Bloß nicht!

10. Ich verwende gern lebensnahe Beispiele.
a. Auf jeden Fall!
b. Die sind recht praktisch.
c. Die halten mich bloß auf beim Predigen.

11. Nach der Predigt nehme ich mir gerne Zeit für Gespräche.
a. Ein Muss!
b. Es ist mir lieber, wenn das das Gebets- und Seelsorgeteam macht.
c. Ich bin dann meist zu erschöpft.

12. Ich halte gerne Seminare zu theologischen Fragen.
a. Wenn meine Gemeinde das möchte.
b. Nicht so gerne.
c. Supergerne!

13. Ich halte gerne Seminare zu Fragen des täglichen Glaubenslebens.
a. Natürlich, da kann man den Leuten richtig was fürs Leben beibringen!
b. Ich schicke die Leute lieber zum Alpha-Kurs.
c. Meistens werde ich dann doch zu theologisch ...

14. Ich reise gerne um in anderen Gemeinden zu Predigen.
a. Ich bleibe lieber zu Hause in meiner Gemeinde.
b. Na klar, ich sammle Bonus-Meilen!
c. Wenn man mich einlädt. Ich möchte schließlich meine Erkenntnisse weitergeben.

15. Ich predige am liebsten vor Christen, die ich kenne.
a. Das ist mir am liebsten.
b. Ich predige selten zweimal vor der gleichen Versammlung.
c. Ist mir egal.

16. Ich predige am liebsten vor Unbekannten.
a. Nicht so gerne.
b. Klar, je mehr neue Leute, desto mehr hören die Botschaft!
c. Ist mir egal.

17. Ich mag Auseinandersetzungen.
a. Nur, wenn wir uns hinterher vertragen und dadurch weitergekommen sind.
b. Wenn das Licht kommt, flieht die Finsternis. Das kann schon mal knallen.
c. Die sind gut, so lernt man andere Standpunkte kennen.

18. Das Wichtigste ist für mich, dass Menschen durch meine Predigten zu Jesus finden.
a. ... und wenn sie im Glauben wachsen.
b. Wozu sollte man sonst predigen?
c. Ich predige lieber vor Christen, dann muss ich nicht die Grundlagen wiederholen.

19. Das Wichtigste für mich ist, dass Menschen durch meine Predigten im Glauben wachsen.
a. Das ist der hauptsächliche Sinn meines Predigtdienstes.
b. Dafür gibt es Grundkurse!
c. Ich sorge lieber für ein theologisches Fundament!

20. Ich gehe in meinen Predigten gern schwierigen Fragen auf den Grund.
a. Wenn es den Leuten hilft, gerne.
b. Die Antwort, die auf alle Fragen passt, ist doch sowieso Jesus.
c. Da kann ich mich so richtig austoben.

21. Ich empfinde andere Prediger oft als zu oberflächlich.
a. Eigentlich nicht.
b. Eher im Gegenteil.
c. Leider ja.

22. Ich empfinde andere Prediger oft als zu liberal.
a. Nein.
b. Ja.
c. Manchmal.

23. Ich empfinde andere Prediger oft als zu wenig einfühlsam.
a. Leider ja.
b. Bei der Entscheidung zwischen Himmel und Hölle kommt es eher auf Klarheit an.
c. Da achte ich nicht so drauf.

24. Ich predige gerne vor großen Versammlungen.
a. Geht so.
b. Ja, je größer, desto besser.
c. Ist schon in Ordnung.

25. Ich komme schlecht mit der vorgegebenen Predigtzeit aus.
a. Ich verfranze mich schnell, aber meist geht es. Ich will ja auch noch für die Leute beten.
b. Ich bin auch schon mal eher fertig; dann wiederhole ich noch mal die wichtigsten Punkte.
c. Mir fällt immer so viel mehr ein, als in 30 Minuten passt! Ich könnte Stunden reden.

26. Ich hänge sehr an meinen Notizen.
a. Was ich predige, habe ich im Herzen, die Notizen unterstützen nur.
b. Notizen? Habe ich nicht.
c. Soviel kann ich gar nicht im Kopf behalten.

27. Ich würde gerne mal ein Buch schreiben.
a. Vielleicht ein Seelsorge-Buch, oder einen Glaubensgrundkurs.
b. Höchstens meine Memoiren.
c. Ich habe schon eins fertig in der Schublade.

28. Ich predige gerne ungewöhnliche Bibeltexte.
a. Wenn sie den Glauben fördern.
b. Wenn ich damit das Evangelium erklären kann.
c. Ich predige total gerne ungewöhnliche Bibeltexte.

29. Die Gemeindesituation hat großen Einfluss auf die Auswahl meiner Predigtthemen.
a. Na klar, ich will ja, dass die Gemeinde vorankommt.
b. Wenn die Gemeinde mal wieder einen Wachstumsschub braucht ...
c. Meine Predigten sind eher allgemeingültig.

30. Ich predige gerne bei Kasualien (Hochzeiten, Kindersegnungen ...)
a. Das ist so schön!
b. Ist mir egal.
c. Nur, wenn ich muss.

31. Ich kann mir Namen gut merken.
a. Natürlich, das ist doch wichtig!
b. Leider nicht.
c. Könnte besser sein.

32. Man kann mich jederzeit anrufen.
a. Mein Ehepartner schimpft manchmal drüber, aber die Nöte meiner Gemeinde sind mir wichtig!
b. Wenn jemand eine Entscheidung für Jesus treffen will, auf jeden Fall. Aber es stresst auch oft.
c. Theologische Fragen stellt man mir am besten über E-Mail, dann habe ich Zeit zum Nachdenken.

33. Ich bete zu Hause viel für einzelne Personen.
a. Täglich.
b. Nicht so oft, eher für bestimmte Gruppen, wie z.B. meine Nachbarn, die Politiker, Anhänger anderer Religionen.
c. Meistens nur dann, wenn etwas Bestimmtes anliegt.

Auswertung:
Zähle bitte, wie oft Du a, b und c angekreuzt hast. Der Buchstabe, den Du am meisten angekreuzt hast, bestimmt Deinen Predigertyp.

a. Du bist beim Predigen ein Hirte. Am liebsten verkündigst Du Deiner eigenen Gemeinde, die Du gut kennst. Es ist Dir ein Anliegen, sie in ihrem Leben mit Jesus voranzubringen. Aber pass auf, dass Du nicht zu unverständlich für Nicht-Christen bist, und dass Du immer auf einem ordentlichen theologischen Fundament stehst!

b. Du bist ein evangelistischer Prediger. Dein Hauptziel ist, die Botschaft von Jesus unters Volk zu bringen und so vielen Menschen wie möglich davon zu erzählen. Leider schießt Du manchmal über Dein Ziel hinaus.

c. Du bist ein echter Lehrer. Du forschst gern im Wort, Du magst Logik, Du nimmst gern Texte auseinander, und Du kannst alles erklären. Allerdings kann Dich nicht immer jeder verstehen, weil Du manchmal zu abgehoben sprichst. Nicht-Christen kannst Du so leicht überfordern.

18 Übungen zur konzeptfreien Predigt

Übertriebene Konzeptgebundenheit wirkt beim Predigen gewöhnlich negativ. Es ist natürlich nichts dagegen zu sagen, wenn gelegentlich auf das Konzept geblickt wird oder auch im Konzept nachgelesen wird, wenn man den Faden verloren hat. Steckt der Prediger jedoch permanent mit der Nase im Zettel, liest jedes Wort ab und interagiert in keiner Weise mit dem Publikum, wirkt sich das störend auf die Predigt aus.

Interaktion mit dem Zuhörer ist wichtig und kann ganz unterschiedlich aussehen: Vom einfachen Anschauen des Publikums über Fragen, die nicht nur rhetorischen Charakter haben, bis hin zur gezielten Miteinbeziehung des Publikums ist alles möglich. An dieser Stelle kommt die Persönlichkeit des Predigers ins Spiel, wie auch Art und Inhalt der Predigt. Egal, wie mit dem Publikum interagiert wird, eine wichtige Grundvoraussetzung ist ein gewisses Maß an Konzeptfreiheit.

Aufwärmen für eine Gruppe:
Bevor die Übungen durchgespielt werden, schlage ich ein kleines Assoziationsspiel vor, um die Gruppe aufzulockern und sich schon mal etwas warm zu machen.

Ein Teilnehmer der Gruppe gibt ein Thema vor, z.B. „Farbe". Ein anderer in der Gruppe hat zehn Sekunden Zeit, in schneller Folge diesen Überbegriff mit Inhalt zu füllen, z.B. Rot, Grün, Gelb, Anstreicher usw. Der Gruppenleiter stoppt die Zeit. Nach zehn Sekunden muss derjenige, der gerade zum Thema assoziiert hat, ein neues Thema vorgeben (z.B. „Möbel"), und der nächste in der Gruppe findet Assoziationen zu diesem neuen Thema. So geht es reihum, bis jeder einmal dran war.

Assoziationsspiele helfen, das Gedächtnis zu organisieren und erweitern den aktiven Wortschatz. Ein Hauptpunkt beim konzeptfreien Predigen und beim Interagieren mit dem Publikum ist ja, dass man lernt, beim Reden zu denken. Dafür ist es förderlich, möglichst viel Wissen und Worte abrufbereit zu haben.
Dieses Assoziationsspiel lässt sich auch zu zweit spielen, indem man immer abwechselnd einen Begriff zum Thema sagt, bis einer nicht mehr weiterweiß. Beispielsweise könnten Assoziationen zum Thema „Lieder mit Sonne" gesucht werden. Daraufhin wird abwechselnd ein Lied angesungen, in dem das Wort Sonne vorkommt („Die Gott lieben werden sein wie die Sonne", „Waiting for the Sun" ...). Zitate, Buchtitel oder Ähnliches eigenen sich ebenfalls für dieses Spiel.
Das Ergebnis: Passives Wissen wird aktiv.
Was ist der Unterschied zwischen aktivem und passivem Wortschatz und Wissen? Der aktive Wortschatz umfasst die Worte, die beim normalen Reden verwendet werden. Der passive Wortschatz beinhaltet Worte, die zwar

verstanden, aber nicht selbst verwendet werden. Das Gleiche gilt für aktives und passives Wissen. Der passive Wortschatz ist immer größer als der aktive, ebenso das ist passive Wissen größer als das aktive. Für uns, die wir viel mit Sprache arbeiten und immer um Illustrationen verlegen sind, ist es von größter Bedeutung, möglichst viel Passives zu aktivieren.

Es gibt übrigens auch ein Gesellschaftsspiel, das hilft, die Assoziation zu trainieren: Tabu. Wahrscheinlich kennt es jeder, und ich kann es für Prediger nur empfehlen. So kann man auch in der Freizeit noch auf spielerische Weise an seiner Gabe arbeiten. Eine für dieses Seminar erarbeitete Tabuversion ist unter dem Namen „hsn-hsn" unter www.kultshopp.de zu bestellen.

Drei Spiele gegen Konzeptabhängigkeit

Konzept-Schnitzeljagd
Für die Konzept-Schnitzeljagd ist es wichtig, dass der Leiter die Predigtkonzepte vor dem Spiel zugemailt bekommt. Ein Manuskript wird ausgewählt und auf mehrere Zettel verteilt ausgedruckt. Der Prediger muss kurz das Zimmer verlassen, während der Leiter den Raum dekoriert, d.h. die einzelnen Skriptteile gut sichtbar und der Reihenfolge nach nummeriert im Raum verteilt.
Der Prediger bekommt das erste Stück des Manuskriptes und ist gezwungen, sich während des Sprechens im Raum zu bewegen und nacheinander die Teile seines Redemanuskriptes zusammenzusuchen.
Diese Übung kann gut zu Hause durchgeführt werden um sich anzutrainieren, nicht die ganze Zeit am Pult stehen zu bleiben und beim Reden mitzulesen.

Wortverwertung
Der Prediger darf sein eigenes komplettes Manuskript predigen. Vorher wählen die anderen Teilnehmer willkürlich Begriffe aus, die auf einer Flipchart festgehalten werden und vom Prediger in die Predigt eingebaut werden müssen. Wie die Worte eingebunden werden und an welcher Stelle ist gleich, es muss nur sinnvoll sein, d.h. der Prediger darf nicht einfach nur die Worte aufzählen.
Der Effekt ist, dass der Prediger sich während des Sprechens Gedanken machen muss und gezwungen ist, sein Konzept beim Reden abzuändern.
Eine schwierigere Variante der Wortverwertung ist es, die Worte einfach während der Predigt dem Prediger zuzurufen, der sie dann innerhalb der nächsten Sekunden oder maximal zwei Minuten einbauen muss.

Improvisation
Bei der Improvisation hat der Prediger überhaupt kein Konzept, sondern muss eine Predigt über einen Vers halten, der einem bereits gepredigten Text ähnelt. Sinn der Übung ist es, bereits Gepredigtes in einen neuen Zusammenhang zu bringen.

Je häufiger man predigt, umso mehr wird und kann man auf frühere Predigten zurückgreifen. Improvisation ist für jeden regelmäßigen Prediger wichtig, um Flexibilität zu erlernen, die nötig ist, um die Predigten den unterschiedlichen Kontexten anzupassen, in denen sie gehalten werden.

19 Wenn Predigten trotzdem floppen

In allen drei → *synoptischen* Evangelien spricht Jesus über das vierfache Ackerfeld (Matthäus 13,3-9, Markus 4,3-9, und Lukas 8,4-8) und darüber, dass es verschiedene Menschentypen gibt, die unterschiedlich mit Predigten umgehen. Manche verstehen erst gar nicht, wovon die Rede ist, andere sind anfänglich begeistert, hängen aber ihr Fähnchen in den Wind, wenn ihre Freunde anderer Meinung sind. Einige kommen vor lauter Sorgen und Gedanken an die Dinge dieser Welt nicht dazu, sich tiefergehend mit dem Evangelium auseinanderzusetzen und nur bei einem Viertel bringt das Wort Gottes wirklich Frucht.
Natürlich ist fraglich, ob wir wirklich immer 25% von jedem Typ im Publikum haben, aber fest steht, dass Predigten nicht bei allen Zuhörern den gewünschten Erfolg haben. Das liegt nicht immer am Prediger oder an der mangelnden technischen und geistlichen Vorbereitung, sondern oftmals schlichtweg an den Zuhörern. Es ist tröstlich zu wissen, dass Jesus das gleiche Problem hatte und dass selbst er nicht 100% seiner Zuhörer erreicht hat.

Da die Hauptaufgabe bei den ZuhörerInnen liegt und wir als PredigerInnen fast nicht beeinflussen können, was diese hören und wie (falls überhaupt) sie das Gehörte umsetzen, müssen wir damit leben lernen, dass nicht jeder Zuhörer das Maximum aus einer Predigt herauszieht. So viel an uns liegt müssen wir daran arbeiten, dass wir keine Verständnisprobleme aufbauen, aber wir können nicht ihren Teil mitübernehmen.

Bei all unseren Vorbereitungen dürfen wir nicht vergessen: Gottes Geist weht wo er will.

✎**Aufgabe**:
Wenn Du dieses Seminar in einer Gruppe machst, könntet Ihr Euch darüber austauschen was Ihr für Erfahrungen mit unterschiedlichen Gemeinden gemacht habt. Ihr werdet feststellen, dass eigentlich jeder Prediger Situationen kennt in denen er gut gepredigt und dennoch kaum Frucht gebracht hat.

20 Die Verbreitung von Predigten

Predigten sind ein Kommunikationsmittel, das Verbreitung fordert. Diesem Aspekt wird viel zu wenig Rechnung getragen; dabei liegt es eigentlich auf der Hand, dass auch die beste Predigt nichts bewirkt, wenn sie niemand hört. Also muss jeder Prediger bemüht sein, eine Infrastruktur für das zu schaffen, was Gott durch ihn sagen will. Wir sind nicht nur dafür verantwortlich das zu sagen, was wir sagen sollen, sondern auch dafür, dass das Gesagte an den Mann und die Frau gebracht wird.

Das Hauptpublikum für eine Predigt sind ohne Frage die Gottesdienstbesucher. Aber auch über den normalen Gottesdienst hinaus kann eine Predigt Menschen ansprechen. Dazu wurden immer schon die modernsten Medien verwendet, die eine Zeit zur Verfügung hatte; Predigten wurden in Zeitungen und Büchern abgedruckt, auf Schallplatten gepresst, auf Kassetten kopiert und werden mittlerweile als mp3s im Internet als Download angeboten.
Da wir das Wort Gottes unters Volk bringen wollen, sollten wir jede Gelegenheit nutzen, unsere Predigten zu verbreiten. Gerade das Internet bietet sich wegen der geringen Kosten an.

21 Hindernisse

„Sie [die Apostel] stärkten die Seelen der Jünger und ermahnten sie, unbeirrt im Glauben zu bleiben, und sagten, dass wir durch viele Bedrängnisse in das Reich Gottes eingehen müssen" (Apostelgeschichte 14,22).

Jeder, der Gottes Werk tut, wird bald merken, dass wir einen Feind haben, der alles tun wird, um uns davon abzuhalten, den guten Kampf des Glaubens zu kämpfen und Gottes Reich auszubreiten. Deshalb ist es für jeden Prediger und jede Predigerin gut, sich auf Bedrängnisse einzustellen.
Das schreibe ich nicht zur Entmutigung sondern zur Beruhigung: Wenn Dein Dienst Dich in schwierige Phasen bringt, muss das kein schlechtes Zeichen sein und bedeuten, dass Du etwas gravierend falsch gemacht hast. Außerdem wissen wir, dass es keine Hindernisse gibt, die nicht mit Gottes Hilfe besiegt werden können, denn unser Gott ist größer als alles andere!
Unvorbereitet zu sein ist ungeschickt und da Anfechtungen real sind, müssen wir uns darauf vorbereiten und lernen wie wir mit ihnen umgehen können. Solche Angriffe können sowohl vor, als auch nach der Predigt auftreten.

Vor der Predigt
Gerade in der ersten Zeit meines Dienstes waren die Tage an denen ich gepredigt habe, sehr anstrengend. Glücklicherweise habe ich mich damals selbständig gemacht, so hatte ich wenigstens die Möglichkeit mir meine Zeit frei einzuteilen und konnte an den Gottesdiensttagen weniger arbeiten, um mich ganz der Vorbereitung zu widmen.
Regelmäßig kam es zu Auseinandersetzungen und Streitigkeiten in der Familie. Als wir später sonntags einen zweiten Gottesdienst einrichteten, war es ähnlich.

Ich weiß, dass ich mit diesen Erfahrungen nicht allein dastehe. Beim Einen geht das Auto kaputt, der Nächste hat immer vor der Predigt besonders stressige Kunden oder schlechte Träume; wieder andere bekommen aus heiterem Himmel Husten oder unerklärliche Motivationsschwächen.
Ich vermute, dass es, zumindest phasenweise, jedem so geht, der ernsthaft Gottes Reich bauen will. Anfechtungen sind auch nicht allein auf Prediger beschränkt, sie kommen in jedem Dienst vor. Ich kenne solche Phänomene von Lobpreisleitern, Seelsorgern, Organisatoren, Leitern und allen anderen – wo der Feind eine Möglichkeit wittert Sand ins Getriebe zu schütten, wird er es garantiert versuchen.

Um solche Anfechtungen einzuordnen ist es gut, sich vor Augen zu führen, welches Ziel sie verfolgen: Es geht darum, Dich idealerweise von Deinem Dienst ganz abzuhalten oder, wenn das nicht klappt, wenigstens so zu behindern, dass Du ineffektiv dienst. Deshalb lautet die erste Regel: *Egal wie Du Dich fühlst, mach es trotzdem!*

Jakobus schreibt: *„Ordnet euch also Gott unter, leistet dem Teufel Widerstand; dann wird er vor euch fliehen"* (Jakobus 4,7). Die beste Möglichkeit mit dem Feind umzugehen ist, immer das Gegenteil von dem zu tun was er will. Der Teufel ist leicht zu frustrieren, wenn er sich nicht durchsetzen kann, wird er es irgendwann aufgeben.

Steckst Du in einer Anfechtungssituation erscheint es logisch, einfach aufzugeben und zu Hause zu bleiben – was würde auch schon groß passieren? Vielleicht würde sich ein anderer Prediger finden und falls nicht, gäbe es eben einen Gottesdienst ohne Predigt, davon geht die Welt nicht unter – denkt man zumindest. Was wirklich passiert, ist, dass der Feind einen Mechanismus gefunden hat, wie er Dich in Deinem Dienst behindern kann. Funktioniert es einmal, dann klappt es wieder; mit der Zeit wird es immer schwerer sich zu wehren. Viele Diener Gottes sind an dieser Stelle gescheitert und nie in das hineingekommen, was Gott mit ihnen vorhatte.

Wie gehst Du also mit Anfechtungen um? Epheser 4,27 sagt: Gebt auch nicht Raum dem Teufel! Das griechische Wort *topos* kann verschieden übersetzt werden: entweder als Raum (im geografischen Sinne, daher leitet sich die Topographie ab), oder als „Chance", „Möglichkeit". Manche Kommentare und Lexika bevorzugen die zweite Variante. Auch wenn ich keine deutsche Übersetzung in dieser Richtung kenne glaube ich, dass „Raum" durchaus im Sinne von Möglichkeit verstanden werden kann.

Ich bete jeden Morgen um Schutz und Bewahrung ganz besonders in den Bereichen, von denen ich weiß, dass ich anfällig bin.

Nach der Predigt

„Ich komme jetzt eben aus einer Gesellschaft, wo ich die Seele war, die Witze strömten aus meinem Munde, alle lachten, alle bewunderten mich – aber ich, ja, der Gedankenstrich müsste genauso lang sein wie die Radien der Erde – – – ging fort und wollte mich erschießen." (Sören Kierkegaard)[1]

Anfechtungen nach der Predigt sind so häufig, dass vereinzelt sogar ein Fachausdruck dafür verwandt wird: PPD – Postpredigtdepression. Solch eine Postpredigtdepression kann ihren Ursprung in unterschiedlichen Bereichen haben: Zunächst kann eine gewisse Ermüdung und Erschlaffung an der überhöhten Adrenalinausschüttung nach bzw. bei der Anstrengung liegen. Fühlt man sich nach einer Predigt schlecht, so steht das nicht immer in einem direkten ursächlichen Zusammenhang mit der Qualität der Predigt. Ich habe es selber oft so erlebt, dass gerade Predigten, nach denen ich mich selber fürchterlich gefühlt habe, bei den Zuhörern viel ausgelöst und Frucht gebracht haben.

---

[1] Sören Kierkegaard nach „zum Verständnis des Werkes", Artikel von Liselotte Richter in: Sören Kierkegaard, „der Begriff Angst", Hamburg 2002 Seite 155.

Es ist demnach sinnvoll, sich zu vergegenwärtigen, dass Predigen eine Gefühlsachterbahn in Gang setzen kann.

Lass Dir auch in solchen Phasen nicht die Freude an Deinem Dienst nehmen. Ein einfaches Gebet nach der Predigt hilft mir meist schon. „Ich habe Dein Wort ausgerichtet so gut ich es verstanden habe. Jetzt liegt alles in Deiner Hand. Wenn ich es an einem Punkt besser machen könnte, dann sag es mir bitte nächstes Mal und ich werde es besser machen." Wir sollen nicht zurückschauen und in den Fehlern von gestern leben. Nächstes Mal wird es wieder besser!

22 Anhänge

Anhang I – Literatur und Quellen

1. Zur Homiletik:
Achtemeier, Elizabeth: *Preaching from the Minor Prophets,* Grand Rapids, Eerdmans, 1998
Batson, George: *Expositorisches Predigen,* Asslar, ICI, 1990
Braga, James: *Effektive Predigtvorbereitung,* Asslar, ICI, 1994
Damblon, Albert: *Frei Predigen – Ein Lehr- und Übungsbuch,* Düsseldorf, Patmos, 1991
Härtner, Achim/Eschmann, Holger: *Predigen lernen*, Stuttgart, edition Anker, 2001
Hybels, Bill u.a.: *Weltbewegend predigen*, Asslar, Gerth Medien, 2000
Klippert, Wolfgang: *Vom Text zur Predigt*, Wuppertal, R.Brockhaus, 1995
Moon, Jesse K.: *Homiletik*, Asslar, ICI, 1990
Spurgeon, Charles Haddon: *Anleitung für Prediger,* Hamburg, reformatorischer Verlag Beese, 2003

2. Weitere verwendete Quellen und Literatur:
Barclay, William: *Auslegung des Neuen Testamentes,* Neukirchen-Vluyn, Aussat 1974
Birkenbihl, Vera F.: *Signale des Körpers, Körpersprache verstehen,* München, mvg 2002
Buber, Martin: *Der Weg des Menschen nach der chassidischen Lehre,* Gerlingen, Lambert Schweizer, 1994
Coenen, Beyreuther, Bietenhard: *Theologisches Begriffslexikon zum Neuen Testament,* Wuppertal, R.Brockhaus 1972
Genfer Studienbibel, Holzgerlingen, Hänssler 1999
Hagin, Kenneth E.: *Gottes Medizin,* München, Wort des Glaubens 1982
Hansen, John: *A look into the calling of Esra,* Morning Star Journal Vol.10 no.4, Charlotte
Hinn, Benny: *Guten Morgen, Heiliger Geist!,* Asslar, Projektion J, 1992
Kierkegaard, Sören: *Der Begriff Angst,* Hamburg, eva, 2002
Klemperer, Viktor: *LTI,* Leipzig, Reclam, 1975
Knigge, Adolf Freiherr von: *Über den Umgang mit Menschen,* Hamburg, Nikol, 2004
Malm, Magnus: *Gott braucht keine Helden*, Wuppertal, R.Brockhaus, 2001
McDowell, Josh: *Die Bibel im Test*, Holzgerlingen, Hänssler, 1987
Molcho, Samy: *Alles über Körpersprache*, München, mosaik, 2001
Molcho, Samy: *Körpersprache*, München, mosaik, 1998
Pease, Allan und Barbara: *Der tote Fisch in der Hand*, Berlin, Ullstein 2003
Postman, Neil: *Wir amüsieren uns zu Tode,* Frankfurt, S.Fischer, 1992
Schulz von Thun, Friedemann: *Miteinander reden 1*, Reinbek, rowohlt, 2001
Schwarz, Christian: *Anleitung für christliche Lebenskünstler*, Emmelsbüll, C&P, 1999
Schwarz, Christian: *Das 1x1 der Gemeindeentwicklung*, Emmelsbüll, C&P, 2001
Schwarz, Christian: *Die drei Farben deiner Gaben*, Emmelsbüll, C&P, 2001
Stein, Robert H.: *The Method and Message of Jesus` Teachings*, Loisville, Westminster John Knox Press, 1994
Storch: *Der Dienst der Frau im Neuen Testament*, Remscheid, Orkrist, 2002
Warren, Rick: *Kirche mit Vision, Asslar,* Projektion J, 1998
Wimber, John: *Heilung in der Kraft des Geistes*, Asslar, Projektion J, 2000
Winchester, Simon: *Der Mann, der die Wörter liebte*, München, Knaus, 1998

3. Biographien bekannter Prediger:
Bonnke, Reinhard: *Wenn das Feuer fällt,* Erzhausen, Leuchter, 1994
Booth, William: R.Collier: *William Booth: der General Gottes*, Lahr, Johannis, 1981
Graham, Billy: *Just as I am,* London, Harper Collins, 1997
Spurgeon, Charles Haddon: Lotte Bormuth: *… und er predigte mit Vollmacht,* Marburg, Francke, 2003

4. Bücher und Materialien zum und über Bibelstudium:
Fee/Stuart: *Effektives Bibelstudium*, Asslar, ICI, 1998
Uwe Schäfer: *Die Theologie des Zimmermanns*, Erzhausen, Leuchter Verlag, 2000
Storch: *Einführung in die Hermeneutik,* Handout und CD, Orkrist-Verlag

Anhang II – Glossar

Ambo – Ein Ambo ist ein Lesepult, von dem aus das Evangelium verkündet oder das Wort Gottes vorgelesen wird. Der Ambo steht in vielen Kirchen rechts vor dem Altar. Manche große Kirchen haben mehrere solcher Pulte.
Didaktik/didaktisch – Theorie des Unterrichts. Ein didaktisch guter Predigtaufbau erleichtert das Verständnis des Gesagten.
Exegese/exegetisch – Bibelauslegung, meist aus historischer Sicht.
Homiletik – Predigtlehre.
Kasualien – besondere kirchliche Anlässe, z.B. Trauungen, Taufen, oder Beerdigungen.
Kinesik – Lehre von den körpersprachlichen Signalen.
Moloch – alttestamentlicher heidnischer Gott.
Perikopen – Schriftabschnitte.
Pneumatologie/pneumatisch – den (Heiligen) Geist betreffend, geistlich.
Prägnanz – Genauigkeit.
Prophetisch – die Gabe der Weissagung betreffend.
Redundanz – Wiederholung.
Reflektiert/unreflektiert – durchdacht, bedacht, bzw. undurchdacht, unbedacht.
Soteriologie/soteriologisch – das Heil betreffend, Lehre vom Heil.
Stringenz – logisch zwingender Aufbau.
Synopse/synoptisch – Zusammenschau (der Evangelien), die ersten drei Evangelien betreffend.

Notizen

Notizen

Notizen

Eine Einführung in das Neue Testament von Thomas Weißenborn

In welchem gesellschaftlichen, politischen und kulturellen Umfeld sind die Bücher des Neuen Testaments entstanden?
Wer waren die Autoren? Wann sind die einzelnen Berichte und Briefe geschrieben worden?

Buch für Buch führt Dr. Thomas Weißenborn durch das Neue Testament. Sein besonderes Plus: Er kommt ganz ohne das übliche „Fachchinesisch" aus, schreibt wissenschaftlich fundiert, spannend und informativ.
Dabei scheut er sich nicht, unterschiedliche Theorien vorzustellen und auf die jeweiligen Thesen und Antithesen einzugehen.

Über seine Schneisen werden Bibelleser, Hauskreisleiter, Studenten, Mitarbeiter in der Gemeinde – alle, die sich schnell und kompakt Wissen zum NT aneignen wollen – das Buch der Bücher leichter
als bisher erobern.

Apostel, Lehrer und Propheten (1)
Band 1: Evangelien und Apostelgeschichte
ISBN 978-3-86122-676-5
256 Seiten, Paperback

Apostel, Lehrer und Propheten (2)
Band 2: Leben und Briefe des Apostels Paulus
ISBN 978-3-86122-710-6
288 Seiten, Paperback

Apostel, Lehrer und Propheten (3)
Band 3: 1. Petrusbrief bis Offenbarung
ISBN 978-3-86122-722-9
224 Seiten, Paperback

Stimmen zu dieser Reihe:

*„Beim Lesen dachte ich immer wieder: Es wäre großartig gewesen,
wenn ich dieses Buch schon als Student in die Hände bekommen hätte!
Thomas Weißenborn zeichnet ein klares und umfassendes Bild der
politischen, sozialen und religiösen Bedingungen,
in denen das NT entstanden ist.
Der Verfasser beweist:
Die Beschäftigung mit theologischen Themen muss nichts
Langweiliges oder Ermüdendes sein."*
Dr. Roland Werner, Marburg

*„Das Buch leistet einen sehr grundsätzlichen Dienst, dessen Wert für die
christliche Gemeinde nicht hoch genug eingeschätzt werden kann:
Es überbrückt den Graben zwischen ‚Theologen' und ‚Laien',
der vielerorts immer breiter zu werden scheint.
Thomas Weißenborn gelingt es, theologisches Fachwissen auf
universitärem Niveau erfrischend allgemein verständlich zu formulieren
und damit einem breiten Publikum zugänglich zu machen."*
Guide Baltes, Jerusalem

Klaus Meiß
Spuren des lebendigen Gottes
Band 1: Geschichte der Alten Kirche
ISBN 978-3-86122-966-7
192 Seiten, Paperback

Diese Kirchengeschichte nimmt den Leser mit auf eine Spurensuche: Ausgehend von den biblischen Berichten gibt Band 1 einen Überblick über die Anfänge der Christenheit in 8 Längsschnitten:

1. Einführung in das Zeitalter: Alte Kirche
2. Aufbruch und Nachfolge: Von der Jesus-Bewegung zur Kirche
3. Mission: Glaube überschreitet Grenzen
4. Verfolgung und Sieg: Blutzeugen, Bekenner, Konjunkturchristen
5. Spiritualität: Nähe und Distanz
6. Diakonie: Leben als Dienen
7. Theologie: Wahrheit in Begegnung
8. Veränderungen einer Welt: Bruderliebe, Nächstenliebe, Feindesliebe

Ein ideales Buch für Pfarrer, Prediger & Seelsorger, Studenten & Bibelschüler, Hauskreisteilnehmer und alle anderen, die an einer knappen, gut lesbaren Überblicksdarstellung der Alten Kirche, einer Darlegung zentraler Quellen und kurzen Biografien zentraler Personen und ihrer Lebensvision interessiert sind.
Bei der zeitlichen Einordnung helfen übersichtliche Zeittafeln.

Samuel C. Schultz
Die Welt des Alten Testaments
ISBN 978-3-86122-620-8
496 Seiten, Paperback

Dieses Buch entwirft ein detailliertes Bild der archäologischen, geografischen und geschichtlichen Dimension von Gottes Bund mit seinem Volk in der Zeit von Abraham bis zum Kommen des Messias.

Samuel C. Schultz ist es gelungen, eine konzentrierte Einführung in die gewaltige Epoche vor unserer Zeitrechnung zu schaffen.
Er legt den umfangreichen Stoff entlang der biblischen Bücher in greifbaren Abschnitten dar.

Dieses Studienbuch eignet sich mit seinen zahlreichen Landkarten, Tabellen und Übersichten als Nachschlagewerk, gleichzeitig aber auch als ein Lesebuch von Gottes beeindruckendem Handeln an seinem Volk.

Tobias Faix / Thomas Weißenborn (Hrsg.)
ZeitGeist
Kultur und Evangelium in der Postmoderne
ISBN 978-3-86122-967-4
256 Seiten, Paperback

Die Welt ist anders geworden. Weniger rational. Emotionaler. Suchender. Traditioneller. Offener.
Ein neues Zeitalter ist angebrochen und vieles verändert sich – auch unsere Gemeinden. Das bringt Unsicherheit mit sich. Die Postmoderne zwingt uns zu einem neuen Nachdenken über das, was wirklich trägt. Neue weltweite Entwicklungen, wie die emerging church Bewegung, versuchen, in diesen Veränderungen Gemeinde neu zu leben.
24 Autorinnen und Autoren beschreiben aus unterschiedlichen Blickwinkeln, wie Christsein in unserem Kontext nicht nur möglich ist, sondern wie wir anfangen können, unsere Gesellschaft zu verändern. Im Zentrum steht dabei die Frage, wie der Geist und die Zeit zusammenzudenken sind. In vier Kapiteln werden diese Fragen aufgenommen, theoretisch durchdacht und praktisch reflektiert.
Ein Buch, das die richtigen Fragen stellt, zum Mitdenken anregt und mit beispielhaften Initiativen und Projekten aus der Praxis inspiriert.

Die Autoren:
Christina Brudereck
Dr. Peter Aschoff
Gottfried „Gofi" Müller
Burkhard vom Schemm
Bettina Becker
Markus Lägel
uva.

Mit Statements von Thorsten Hebel, Christoph Waffenschmidt und Prof. Dr. Johannes Reimer.

Hanna Homberger
Familiengottesdienste
Mit der ganzen Gemeinde in Bewegung kommen
ISBN 978-3-86122-968-1
128 Seiten, Paperback

Familien werden stark, wenn sie gemeinsam den Gottesdienst besuchen. Nutzen Sie die Möglichkeiten, die sich daraus eröffnen und veranstalten Sie lebendige Familiengottesdienste!
Diese kreative Ideensammlung enthält viele praktische Tipps zur Gestaltung:
Beispielandachten, Lieder, Anspiele, Schattentheater, Pantomime, Standbilder, Symbolhandlungen und Bilder.
Die neun detailliert geplanten Gottesdienste lassen die ganze Gemeinde in Bewegung kommen.

Ob zu einem Thema ...
– Gott schützt.
– Gott kennt jeden Menschen mit Namen.
– Mit meinem Gott kann ich über Mauern springen.
– Gott beginnt oft ganz klein.

... zu einem Fest aus dem Kirchenjahr ...
– Erntedank: Was der Regenbogen erzählt.
– Advent: Licht erhellt unsere Welt.
– Weihnachten: Das Hoffnungskind.

... oder zu einem besonderen Anlass ...
– Gottesdienst im Freien: Verloren und doch gefunden.
– Gottesdienst zur Einschulung: Geöffnete Türen.

... Hanna Homberger hat Anregungen zu vielen Anlässen. Sie schöpft dabei auch aus ihrem reichen Erfahrungsschatz als Grundschullehrerin.

Mike Breen & Walt Kallestad
**Leidenschaftlich glauben,
Jüngerschaft vertiefen**
8 Impulse zum geistlichen Wachstum
ISBN 978-3-86122-964-3
192 Seiten, Paperback

Wie kann mein Glaube an Leidenschaft gewinnen?
Mit acht einprägsamen „Verkehrszeichen" markieren die Autoren dieses Buches den Weg der Jüngerschaft in eine erfüllende Gottesbeziehung.

Die eindeutigen Wahrheiten dieses Buches rücken ein Leben voller Leidenschaft für Gott mitten in den Bereich des Möglichen.
Bill Hybels, Willow Creek Community

Einfach genial!
Ich bin so dankbar, dass das Buch von Breen und Kallestad jetzt auch in deutscher Übersetzung vorliegt. Als mir vor einiger Zeit das englische Original in die Hände fiel, konnte ich es kaum wieder niederlegen. Ich verschlag es in einem Rutsch – und nahm es danach immer wieder in die Hand. Das ist einfach genial.
Die Grundstrukturen, in denen sich geistliches Leben entfalten kann, sind einfach. Breen und Kallestad schaffen es, uns grundlegende Wahrheiten anschaulich, praktisch und gleichzeitig tief und geistlich zuverlässig nahezubringen.
Roland Werner in seinem Vorwort